続 織と文

篝火《かがりび》

志村ふくみ

求龍堂

篝火 かがりび

——志村ふくみ

序
水の歴程

霧、時雨、霞、靄《もや》、
この嵯峨野、小倉山、愛宕《あたご》山に
四季をめぐって、あらわれるのは
姿のない水である。湿り気である。
谷から湧く霧であったり、
山の稜線をはしる時雨であったり、
麓にたゆたう靄であったりする。
いつも湿り気をともない、
どこからともなくあらわれて消えてゆく。
それは深々とした苔をはぐくみ、
嵐山一帯の春霞、夕靄になる。
大堰《おおい》川のながれは観月橋のもとで、
堰堤にせきとめられ千条の白い簾となって
京の町へ流れてゆく。
思えば私は朝な夕なその中で暮らしている。
ある朝は大覚寺へ、ある夕は小倉山へ、
鳴滝へと散歩する。
そんな中で織るものに繧繝《うんげん》・暈《ぼか》しが
あらわれるのは自然のことかもしれない。
くっきりした線や形ではなく、
何となく色調が移りゆく、
人も草花も鳥も虫も、その湿り気を吸って生きている。
「お湿り」とか「しとしと」とか、世界の
どこで表現できようか。
雨がしとしときこえるのは時雨の
とおりすぎたあとである。

わずかの雑音にもかき消されるものであれば
都会ではきこえないかもしれない。
けれど、日本の山野、峠の彼方や
渓流のほとりでは、きっと、「しとしとさん」が
住んでいるにちがいない。
そういう水にまつわる文化は、世界中、宇宙もふくめて、
すべては水によって生命を守られている。
しかし今、その泉の路が変わろうとしている。
根元の水が涸《か》れようとしている。
ひとりひとりは、そのことに気づいているのに、
その水源を守ろうとするどころか、なお犯しつづけている。
罪深い人間、その中のひとりである自分も、
その罪を自分が負うのではなく、
愛する幼いものにのこしてゆく。
その重なる傷みを負いつつ今を生きている。
暗澹《あんたん》として心を沈ませていてよいのか。
頭を垂れているだけでいいのだろうか。
その水源に湿り気をおくりたい。滴《しずく》をとどけたい。
何もできない自分が、そんなことを言う資格はないけれど、
かすかな湿り気でも人の心を潤すことはできないだろうか。
水にならなくても、滴であってもいい。
一滴の中にどんなに多くの生命が宿っていることだろう。
ひとりひとりが一滴、一滴をはぐくんでゆけば、
やがて水の歴程が世界をうるおす
きっかけになってくれるかもしれない。
そんな願いをこめて生きてゆけたらと思う。

目次

雪の松島

午後仙台を出た時からちらほら降りはじめた雪は、うっすら積もっていた。

「明朝は一年に何度もないほどの雪景色になるはずです。すぐお越し下さい、と松島の雪を待っていらっしゃる東京の方にお電話しても、着いた時は降っていなかったり、雨になったり、なかなか見られません」と宿の人はいう。

その言葉に待ちきれず部屋のカーテンを引くと思わず絶句した。

ほの暗い夜の海、その真正面に満月、雪の中に幻月をみるとは。

海上に二つの島が細い墨描の樹々の枝を浮き上がらせ、霧とも雪けむりとも、朦朧《もうろう》たる海上に月光がさざ波をたてている。まさに白銀の、水墨の世界である。

雪は音もなく降りしきってやまない。

人はあまり超絶な自然の演出の前に立つと思わず空恐ろしくなる。こんなに美しいものを見てしまっていいのか。このままこの自然に溶け入ってしまいそうである。

翌早朝、雪は降りやまず、次第に明るくなってゆく空に白い太陽が昇る。昨夜は雪の中の月をみ、今朝また雪の中に太陽をみる。

島影がくっきりと浮かぶ。繊《ほそ》い梢や枝のひとつひとつに粉雪が降りしきり、積もり、太陽が次第に淡い黄の球体となって暈《ぼか》しの輪の中にぼんやりと輝くのがこの上もなく美しく、なぜこんなにもすべての音律が低く静かに保たれつつ時を刻んでゆくのか、信じられないほどである。

海上には昨夜と入れかわるように太陽から降りそそぐさざ波がきらきらとこの上なく繊細なリズムでかすかに移動しつつ、雲との交信をおこなっている。

白銀のほかに色とてない靄《もや》が立ちはじめて、太陽をかくすかと思われるのに、姿をかくすことさえ忘れたのか、あるともなしに雲のあわいをすりぬけるようにして光を絶えまなく海上におくってくる。

昼とは思えない静けさ、すべての音がどこかへ吸いこまれてゆく。

雪の松島

二〇〇一年(平成一三年)

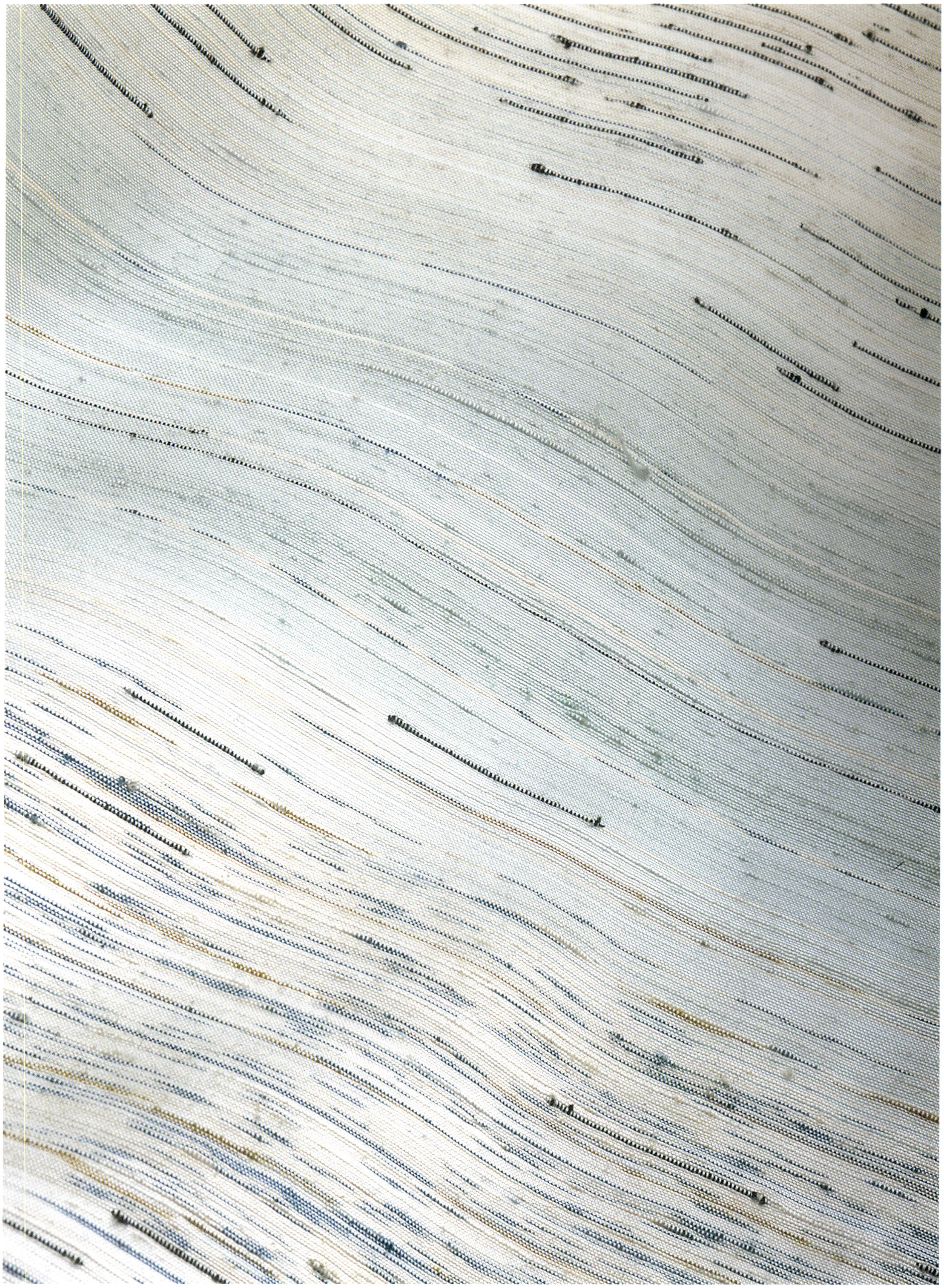

雪の松島

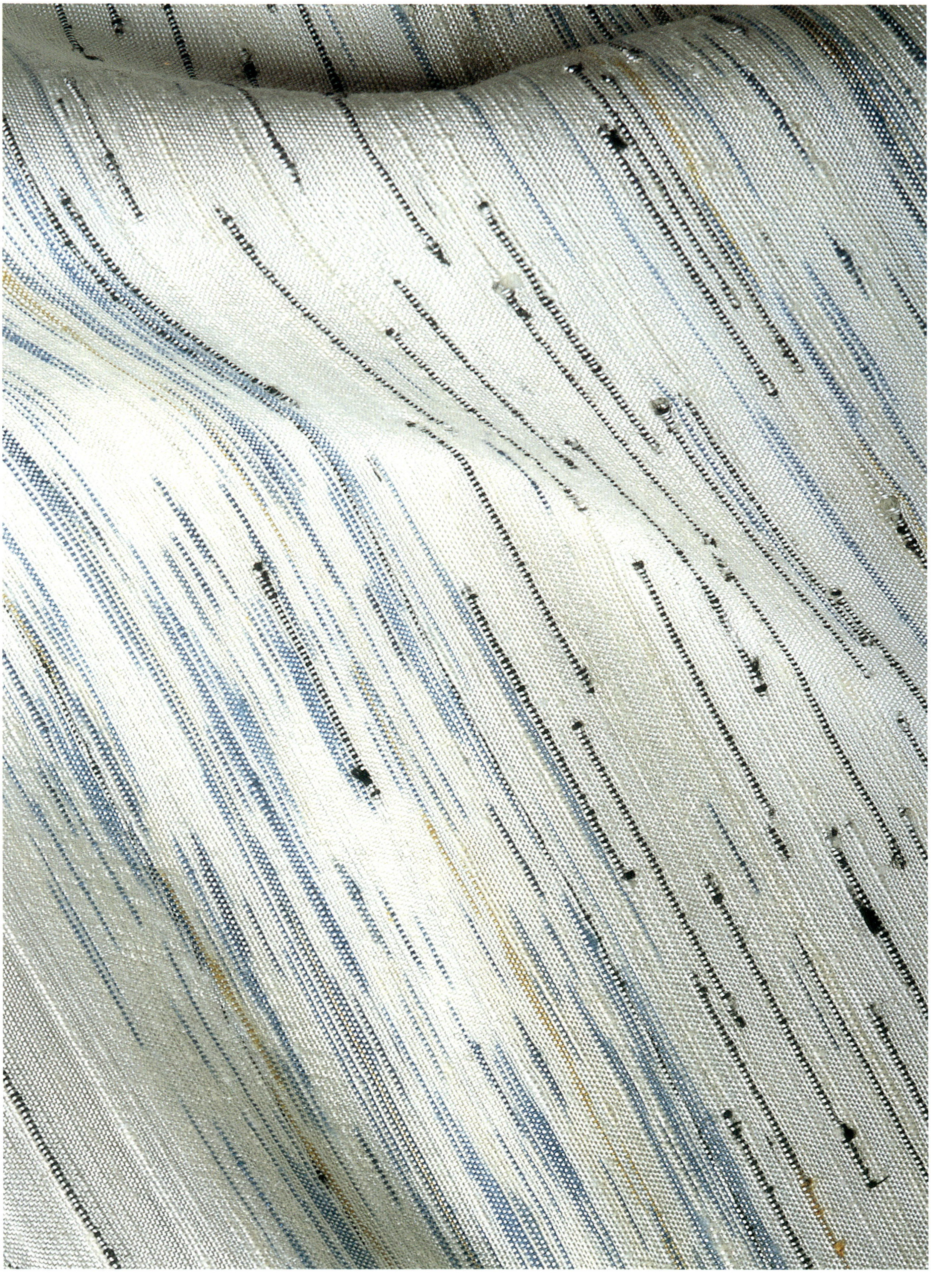

雪の松島

凡例

一、掲載作品は、全体の色彩構成に重きを置いたので、作品の制作年代が前後しています。

一、本書のエッセイのうち、次の二篇
松島の雪、白い糸 原題は「白と赤」は
『たまゆらの道』二〇〇三年刊（世界文化社）
「なごみ」一月号 二〇〇三年刊（淡交社）より転載しました。

第一章　『源氏物語』によせて

朝顔 夕顔

題字　山本浅子

朝顔　夕顔

昔、生絹《すずし》を繭から自分でひきはじめた頃、何かその糸で織ってみたいと思い、『源氏物語』「夕顔」の巻に「黄なる生絹の単袴《ひとえばかま》長く着なしたる童のをかしげなる……」というところを読んで、山梔子《くちなし》で染めた黄色の生絹に袖口のところだけ淡く紫いろに暈《ぼか》した着物を織った。とても着るには耐えられそうもない薄ものなので手もとにおいておくつもりだったが、是非にという方があっておゆずりした。「夕顔」の巻はそんなこともあっていろいろ思いののこる章である。

あやしげな垣根などに青々とした蔓草を這いめぐらして、夕ぐれにほっかりと咲く夕顔ははればれとしたきよい眉をひらくようで、そのあたりにあるともしれぬ高雅な香りがただよう。ふと目にとめた源氏の君に吸いとられるように近づいた夕顔は、儚《はかな》い命をおとしてしまうのである。その夕顔をかぎりなく哀れに思う源氏はいつになっても忘れられず、その糸が後々につながって玉鬘《たまかずら》という娘に出会うことになる。その夕顔といい、朝顔といい、なぜ花の名に顔という字がついているのか、ふとそんなことを思ったが、先年山の中で出会った早朝の朝顔の青さ、一刻の青さをのこして消えたことを忘れかねてある時、伊[注]吹さんにおはなしした。伊吹さんが即座に「朝顔のことは、一二どほど出てまいりますね。「夕顔」と「朝顔」の巻に、女のみじかい若さにたとえられて——」といわれたとき、一瞬あの山の中の朝顔とつながったような気がした。

「夕顔」の巻の中で、久々に源氏を迎えた六条御息所《みやすどころ》のよろこびも束の間、霧の深い朝、名残を惜しむ御息所にかわって、若く美しい中将が源氏を見送ってゆく。露に濡れた庭にまっ青な朝顔が咲いている。かえらない若さ、見捨てられる吾が身、美しい源氏と中将の姿に御息所はあの一刻の青さを思うのである。

咲《さ》く花に移《うつ》るてふ名はつゝめども
　折《を》らで過《す》ぎうきけさの朝顔　（源氏）
朝霧《あさぎり》の晴《は》れ間《ま》も待たぬけしきにて
　花に心をとめぬとぞ見《み》る　（中将）

と、おほやけ事にぞ聞《きこ》えなす。をかしげなる侍童《さぶらひわらは》の、このましう、ことさらめきたる、指貫《さしぬき》の裾露《すそつゆ》けげに、花の中《なか》にまじりて、朝顔《あさがほ》折《を》りてまゐるほどなど、絵《え》に書《か》かまほしげなり。

（日本古典文学大系）

とかかれてる。

「朝顔」の巻では、斎院であられた若い頃におみかけした朝顔の君の美しさが忘れられず、源氏は度々訪ねてゆくのだが、何としてもこちらをおむきにならず、ひそかに暮らしていらっしゃる。それがまた源氏には奥床しく一そう心ひかれて忘れがたいのである。

枯れたる花どもの中に、朝顔《あさがほ》の、これかれにはひまつはれて、有《あ》るかなきかに咲《さ》きて、匂《にほ》ひも殊《こと》にかはれるを、折らせ給ひて、たてまつれ給ふ。

見しをりの露わすられぬ朝顔《がほ》の
　花のさかりは過ぎやしぬらん　（源氏）
秋はてて霧のまがきにむすぼほれ
　あるかなきかにうつるあさがほ　（朝顔）

につかはしき御よそへにつけても露けく。（同）

身にふさわしい譬えを伺いますにつけても、袖が露けく。（谷崎潤一郎訳）

とのみ朝顔はご返事されたという。

このように度々物語の中に、朝顔や夕顔があらわれることを今までさほど気にとめていなかったが、思えば、梅、桜、藤についで、この花はひそかな役をひきうけて咲いていたのではないだろうか。古くより屏風絵、扇面、衣裳などに朝顔、夕顔の風情は親しみ、日本人の心情に移り住んでいたような気がする。

注　伊吹和子さんについては、95頁を参照。

嵯峨の御堂《みどう》・清涼寺

嵯峨の釈迦堂とみなに親しまれている清涼寺門前に住んで三十余年、朝な朝な本堂のお釈迦様にお参りし、境内をとおらずに京の町にでることもなかった。昔は「おしゃかはんから亀がきたわ」と迎えの女の子が母親に言っているような、のどかな日もあった。鬱蒼《うっそう》と茂った森の中に狂言堂があって、薊や野菊、きんぽうげなどが咲いていた。春の火祭（柱炬火《はしらたいまつ》）をはじめ、秋には恐いほどに美しく燃えさかる紅葉に人々は集った。思い出すのは門前の仁王様の前に、下駄の歯入れや、刃もの研ぎ、占師などが莚《むしろ》をしいて日向ぼっこをしていた姿だ。裏庭には見事な彫刻のほどこされた弁天堂が池のほとりにあり、池の中央の沖石に大亀、小亀が甲羅を干していた。その傍らの木蘭の大樹は、春にさきがけてまぶしいほどの白い花を咲かせた。

昭和三十二年に出版された、佐藤春夫の『釈迦堂物語』（平凡社）という本があるが、その冒頭に鳩の杖をついてお参りにきた老尼が出て来る。「釈迦牟尼仏様」と何ども唱えながら、「今宵はこの御堂におこもりしましょう。あはれにも山の端近く傾きぬる日影かな、わが身の上の心地こそすれ」と杖によりかかっている様子に風情があって、昔はさぞや美しい女人《ひと》だったと思われる。近づいていって、語りかけた人があった。それにこたえて老尼が語りはじめたのが、『増鏡』だとしるされている。なお、藤原定家も『明月記』に釈迦堂はいつも人々で雑踏しているから、人の少ない頃を見計ってお参りしたとか、僧源空（法然上人）も、清涼寺に参籠したと記しているが、中心は御本尊の釈迦牟尼仏の由来を詳しく記したのが、本来の『釈迦堂物語』である。この三国伝来の、生身のお釈迦様については私も前に記しているので、今回は実際に目にしたことだけを記しておこう。以前住職をしていらした塚本善隆先生（前京都国立博物館館長）がある時、「お釈迦さんの胎内に入っていた宋時代の裂《きれ》をみせてあげましょう」とおっしゃって、彩とりどりの小さな裂の断片をみせて下さった。錦、綾、羅《ら》等のその色の美しさに言葉を失い、ただ驚嘆するばかりだった。この御仏《みほとけ》を請来した奝然《ちょうねん》上人はどのような方であったか、なぜインド・中国・日本と三国伝来の御仏としてこの釈迦堂にまつられたかは『釈迦堂物語』に詳しい。昭和二十八年、塚本先生が偶然にも発見された御仏の胎内納入品（国宝他二百五十点）の

1 帚木

二〇〇三年(平成一五年)

中に錦や羅で縫われた五臓六腑が世界最古の内臓模型として納められていたこと等々語りたいことは山ほどあるのだが、今回はそんなに由緒深い釈迦堂門前に住みながら、ごく最近まで気づかず、思いがけない出会いと驚きをあらたにしたことを語りたい。

ある朝、毎日のことながら御釈迦様に参ってから境内の西側の多宝塔の裏にまわって、ふと源融《みなもとのとおる》公の墓所をみた時、いつもとは違う思いが胸をついて、思わず足が釘づけになってしまった。人間の意識とは何と情けないものだろう。そこへ意識が向かなければただの御墓であり、今日まで三十数年、横目でみやりはしても通りすぎていたのである。最近私は、『源氏物語』に深入りして常にそのことで頭がいっぱいだったところへ、源融公の墓の前をとおった時、突然、「もうそろそろ私がここにいることを気づいてもいい頃ではないか」と呼びとめられたかのように、はっとしたのである。

樹立ちにかこまれて、深々と苔蒸した宝篋院塔《ほうきょういんとう》は、鎌倉前期に建立されている。私は吸いよせられるように塔の前に立った。全身に怖気《おぞけ》がはしるほど深々と苔におおわれた塔は、凄愴《せいそう》なまでに時代の盛衰と重みをもの語っている。誰にも気付かれず、この上もなく典雅な平安の大貴族がそこに立っていたように感じられた。秋の陽が緑の台座にこぼれ、反花《そりばな》の蓮弁《れんべん》、隈飾《くまかざり》の浮彫《レリーフ》、よくみれば梵字や、神獣のようなものが刻まれているようである。それらはまぎれもなく平安美の象徴であり、私ははじめて源融公に相まみえたかのように思われた。今この墓の前にたつと、光源氏のモデルと世にいわれているが、源融は実在の源融以外の何者でもなく、『源氏物語』に出てくる光源氏とはまた別の人物であったということが思われるのだった。

嵯峨天皇の第十二皇子として生まれ、源氏の姓を賜って臣籍に下ったが、陽成天皇御退位の際、御世継評定の場で「融らも侍るわ」と自ら名乗り出たが一蹴されたという。出自をめぐる屈折した環境から、いつしか豪奢闊達な風流貴族として、建築道楽ともいわれる邸宅を六条、宇治、嵯峨に建てた。六条河原院には陸奥塩釜をかたどったという庭園をつくり、宇治の別荘には陽成・宇多・朱雀の三代の帝の行幸を仰いだほどの贅《ぜい》を尽くした建築だったが、融公亡きあと、藤原道長の領となり、息子頼道によって平等院と名づけられ、今日に至っているといわれる。

2　夕顔
二〇〇三年（平成一五年）

夕顔

嵯峨の山荘ははじめ棲霞観《せいかかん》と呼ばれていたが、次第に時が移り、源氏の衰亡と変遷によって、後に本堂に奝然上人の中国より請来の釈迦牟尼仏が祀られ、釈迦堂として親しまれ、庶民の信仰をあつめるようになった。

釈迦堂境内にあるもと棲霞寺といわれる阿弥陀堂はひっそりとこぢんまりした御堂で、詣でる人も少なく、廂《ひさし》を借して母屋をとられるという形になって現在に至っている。

春の火祭、秋のもみじなど釈迦堂は今では人々の信仰と憩いの場になっているが、平安期のこのあたりの様子が次第に浮かび上がってくる。世にたぐいもなく典雅、風流をほしいままにした平安貴族源融公も晩年次第に仏道に帰依《きえ》するようになり、もと棲霞観にまつられていた阿弥陀尊仏は、融公が七十四歳で薨《こう》じられる前に自身をモデルとして刻ませたものである。しかし、完成を見ずに亡くなり、その後息子達が、脇侍仏、観世・勢至の二菩薩をつくり、三尊仏として棲霞観を棲霞寺とあらためて建立し、その落慶法会には菅原道真が願文《がんもん》を草したと伝えられている。今の阿弥陀堂からは想像もつかない壮麗な寺院であったことが偲ばれる。

それらのことをおくればせながら知った私は、早速、境内にある霊宝館をおとずれ、阿弥陀三尊仏を拝したのである。以前にも何度かこの霊宝館をおとずれているにもかかわらず、それらのことをあらためて心に刻んではじめて仰ぎみる尊像の前で私は息をのみ、座りこんでしまった。あの融公の墓の前で呆然となったごとく、全身ふるえるような畏《おそ》れとも悦びともいいようのないものがみちてくるのが感じられた。高い天井にとどくかと思われる光背には何百という小さな化仏《けぶつ》がまつられ、堂々たる偉容を誇る御仏である。肩、胸幅がゆったりとひろく、衣紋を流れるようにまとった御姿は均整のとれた包容力にみちていた。尊顔は厳しく引きしまっているが、何ともふくよかな平安貴族の洗練された気品の高い風貌である。その上に御仏としての霊性、慈悲が備わっていて完璧《かんぺき》というほかはない。かつて平等院で阿弥陀如来を拝したとき、当時の貴族、藤原道長をはじめ高僧や女院、女御の方々の面影を御仏の中に宿しておられるかのように思ったが、今この阿弥陀像の前で再び源融公の確固とした信仰のあかしを見る思いがした。平安の仏像がなぜこんなにも厳しい中に美を備えているのだろうか、再びあらわれることのないこの時代に咲き出でた白蓮のような姿を後世にのこしたのではないかと思われた。それ以来、私は三日にあげずこの尊像にお会いしにかよっている。今まで平安の貴族といえば、色白の、どことなくか細い貴公子を思い浮かべがちだったが、その先入観は一変された。実は教養豊かな堂々たる重量感あふれる人物が平安貴族ではなかったか。単に華麗なる人生ではなく、その美を極めることにおいて後世何人も追従することを許さず、その背景としての仏道への深い信仰が何よりもそれを物語っているのではないかと思われた。そういう源融公がその昔この清涼寺あたりをそぞろ歩いておられたかと思うと、「存じよらぬこととはいえ、こんな身近に三十年以上住みながら、朝な夕なおそばを通りながらおまいりすることもなく、機を織りつづけておりましたとは……。八十歳を前にしてようやく『源氏物語』にまつわる織物を織ってみたいと願い、こうして融公の墓に詣で阿弥陀様にお会いできたとは、何という、何という幸せでありましょう」とつぶやかずにはいられなかった。

人間のこの無意識の底から、時を得て浮かび上がってきた水泡《みなわ》のひとつ、この稀有な時間を今しばらくあたえられ、やがて消えてゆく人の身にこのようなよろこびが訪れようとは——。

心あてにそれかとぞ見《み》る白露《しら》の
ひかりそへたる夕顔《ゆふがほ》の花　「夕顔」

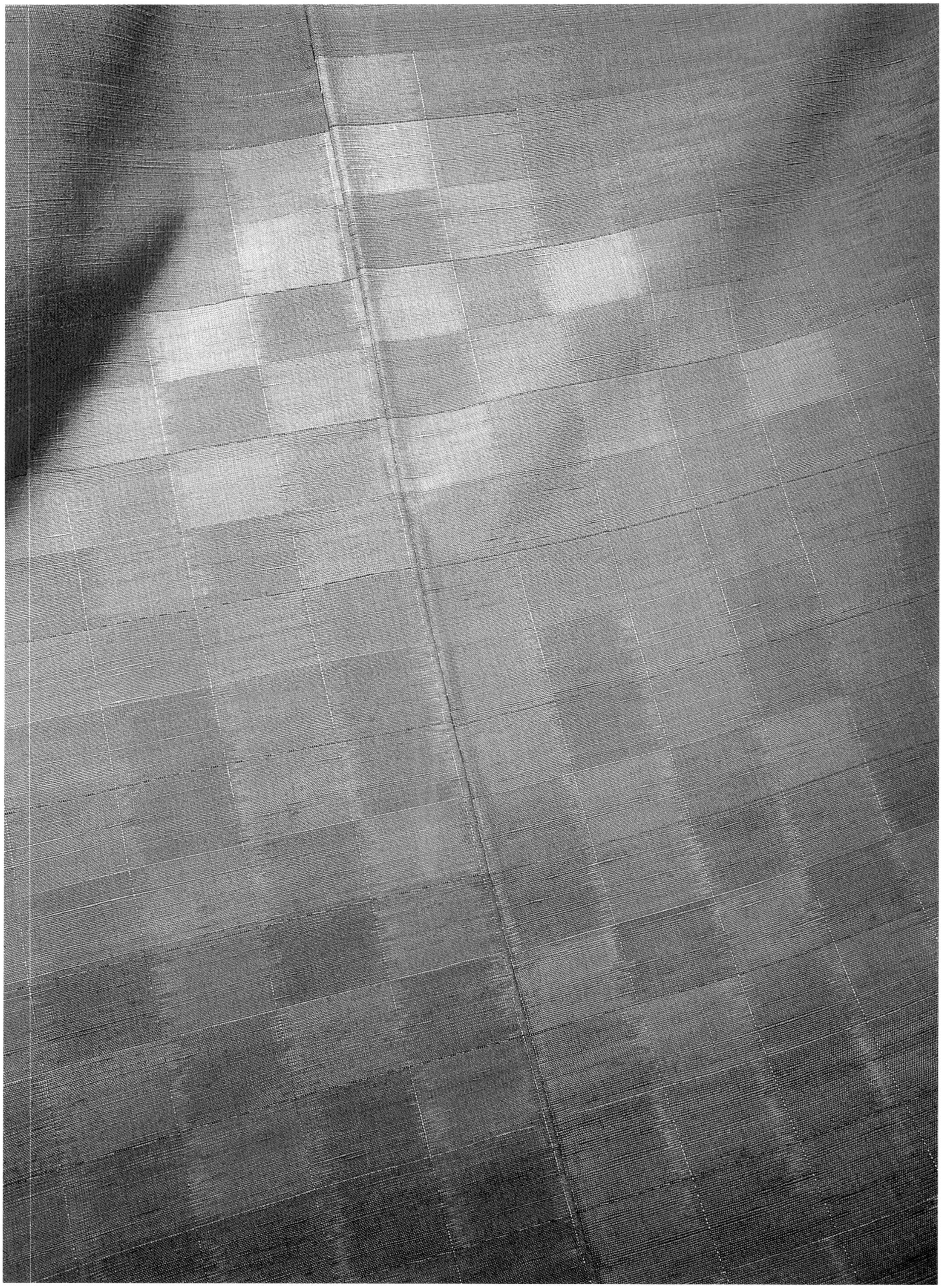

夕顔

夕顔

3 紅葉賀
二〇〇〇年（平成一二年）

紅葉賀

一掬《ひとすく》いの色

昔、「半蔀《はじとみ》」というお能をみて葵の上と六条御息所のことを思い浮かべ、朱と藍の段の着物を織ったことがある。まだその頃は今より若かったから火が燃えて燠《おき》になるまで時間がかかり、色が象徴になるまでに歳月がかかるなんて、偉そうなことを言って恥ずかしいけれど、あれから二十年余り、今では象徴などというより移ろいというか、自然にかわってくるもので、物語の中にゆらめいて、何となくそのあたりを流れる曲水の中の一掬いのような気がする。

それが朱であったり、藍であったり、緑であったりするのは、流れに常に光と影が射すせいであろうか。むしろ今の気持ちでいえば物語全体に深い影が射し、それが少しずつ光を増してさえいるような思いがする。

4　葵

一九九九年（平成一一年）

5　賢木
二〇〇〇年（平成一二年）

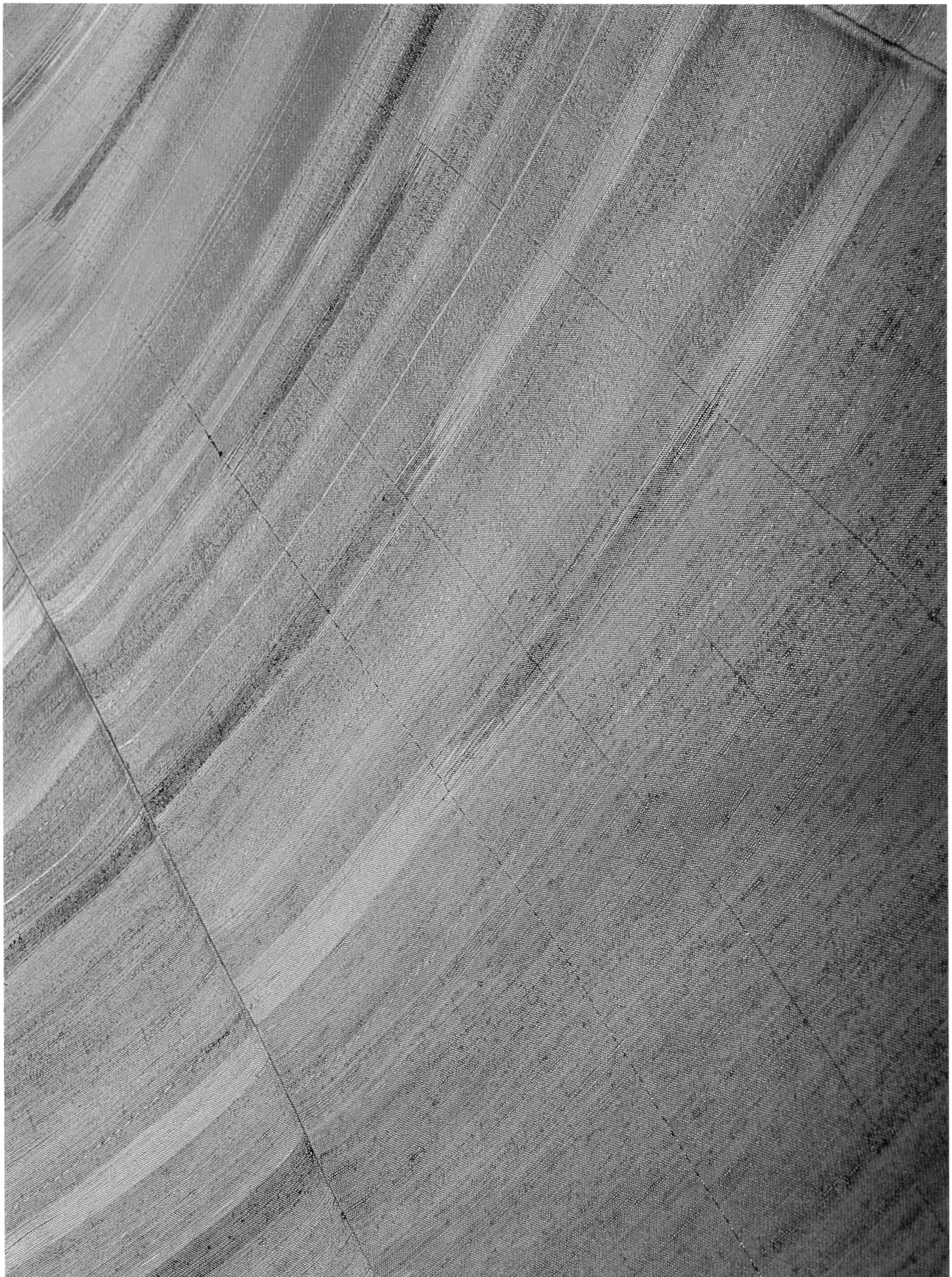

賢木

賢木

6 花散里
二〇〇二年(平成一四年)

花散里

花散里

7 須磨

二〇〇三年（平成一五年）

須磨

須磨

8　明石

二〇〇〇年（平成一二年）

明石

明石

紅の御衣《おんぞ》

光源氏と明石の上の間に生まれた姫君は、祖父の入道が夢の御告げをうけたごとく、やがて都にのぼり、入内《じゅだい》し、帝《みかど》の御皇子《みこ》を生むであろうことが次第に実現しようとなされていた。明石の上はとてもそんなことは信じがたく、姫を手放したくない一心であったが、源氏はすぐれた乳母を明石につかわされ、ねんごろに一日も早く都へのぼってくるように催促されるのだった。

その頃、毎年住吉に詣でる明石の上は、海上から住吉のあたりをながめると、まぶしいほどに着飾った貴族達の行列がとおってゆく、都に遷《うつ》ることを許された源氏がその御礼参りにこられたのである。偶然とはいえ、あまりに身分違いの自分の境遇を思いしらされ、明石は沈みこんで舟を遠ざけて源氏を見送る。

青海原に浮かぶ小さな舟、御簾《みす》を垂れた源氏の美々しい御輿、青と緑の対照の鮮やかなこの住吉の絵巻は、何か心に沁みるものがある。

やがて明石は都へのぼり、大堰川のほとりで母の尼君、姫君、乳母と共に住まいはじめるが、束の間の平穏はやぶられ、姫と別れる日が迫っていた。

姫《ひめ》君は何心《なにごころ》もなく、御車《くるま》に乗《の》らんことを急ぎ給ふ。寄《よ》せたるところに、母君《ははぎみ》みづからいだきて、出《い》で給へり。片言《かたこと》の声は、いと、うつくしうて、袖とらへて、
「のり給へ」
とひくも、いみじうおぼえて……　「薄雲」　（日本古典文学大系）

姫君は何のことともお分りにならないで早く乗ろうとなさいます。
御車を寄せたところへ、母君みずから抱いて出てこられました。まだ片言のたいそう愛らしい声で袖を捉えて
「お母さまもお乗りなさい」と引っ張りますのがたまらなく悲しく感ぜられて……
（谷崎潤一郎訳）

「薄雲」の巻のこのあたりは、何ど読んでも胸がしめつけられる。明石の上は幾夜も悩

明石の姫

二〇〇三年（平成一五年）

み、哀しんだ末、はなしたくない、はなしたくないと心に叫びながら、遂にその日は来てしまった。

物心つかないうちに紫の上に渡して、姫の将来のため、自分のような身分の低いものがそばにいてはいけないのだ、と何ども何ども自分に言ってきかせる。そう思えば思うほどいとおしくて、髪などなぜさすり胸に抱きしめて、明石の上は姫君を離すことができないでいる。

この春《はる》よりおほす御ぐし、尼《あま》そぎのほどにて、ゆらゆらとめでたく、つらつき、まみの薫《かを》れる程《ほど》など、いへば更《さら》なり。よそのものに思ひやらむほどの心の闇、おしはかり給ふに、いと、心苦しければ……

（日本古典文学大系）

この春からお伸ばしになったお髪が尼の切り下げ髪ぐらいになって、ゆらゆらと揺れているのもめでたく、顔だち眼つきの美しい具合など言うも愚かなことです、これを人手に渡す母親の心の闇をお察しになりますとひどくお気の毒におなりなされて……

（谷崎潤一郎訳）

雪、霰《あられ》の降りがちな日々に、手放した姫の上を思い、心を許していた乳母まで姫と一緒にいってしまった寂しさ、代われるものなら乳母になってついてゆきたい、なぜ自分はこんなめぐり合わせの運命になってゆくのだろう、と明石の上はかぎりなく嘆いている。なんにも知らない無心の姫君は、御車にゆられてうとうとしながら、やがて着いた御殿は輝くばかりに飾りたてられ、何もかも珍しくはしゃぎまわっているのだが、どこにもいない母君をさがして、かわいらしい顔にべそをかいておられる。そんな姫君を源氏も紫の上もかぎりなくいとしく思うのだった。

そんな情景をしきりに思い描いていると、ふと葛籠《つづら》の中にあった鮮やかな紅の糸を思い出した。そして姫君の御衣を織りたいと思ったのである。もとよりどんな衣裳なのか見当もつかないが、ちょうど手もとに久保惣美術館にある土佐光吉筆の『源氏物語絵巻』があって、その中に姫君を抱いた明石の上が御車のそばまで出てきて、女房が、護《まも》り刀や天児《あまがつ》（人形）を持ってひかえている絵がのっていた。御車はすぐ出発の用意をして待っている絵巻の場面に切なく心ひかれて、飽かず眺めているうちに、もう紅花の生絹《すずし》で織りはじめていた。織っているうちに私は胸が熱くなって、遠い昔のことを思い出していた。

二歳のとき私も母親のもとをはなれ養家に行ったのだった。私の記憶にはその時のことは何もないのに、多分後々に聞かされたことなのだと思うが、夜の白い蒸気を吐く列車に、女中さんに抱かれて乗りこむところが浮かぶのである。母は見送りに耐えられず、家の戸袋（雨戸をしまうところ）に入って泣いていた、と聞いている。私も無心に、「お母さんも一緒にいって」と心の中で言っていたのだろう、暗い駅の構内に白い蒸気と赤や緑のシグナルの点滅するのが胸に焼きついている。

私は父の弟である叔父のもとへ養女にいったのだが、十七歳になるまで何も知らず、幸せに育てられた。なぜ、母が叔父夫婦に私を托す気持ちになったのか、誰もはっきりと語ることはなかったが、語られる以上に私の中では何か深く納得しているのである。養父母は本当に優しい人柄だったし、後に知らされた両親、兄姉妹は、この世でめぐり合えた最も愛すべき人達だったから、私はそうなるべき縁のもとにあったのだと思う、十七歳の時、はじめて知った母から織の手ほどきをうけ、この道に導かれた。その後の曲折や試練は、当然踏むべきものだったと思っている。

9 澪標

二〇〇四年（平成一六年）

澪標

10 蓬生
二〇〇〇年(平成一二年)

蓬生

蓬生

11 松風
二〇〇三年（平成一五年）

松風

松風

松風

琵琶行

『源氏物語』の「紅葉賀」の中に〝年、いたう老いたる内侍のすけ　人もやんごとなく、心ばせありて……〟という、源典侍が年甲斐もなく光源氏にいいよってつれなくされながらも弾く琵琶の音がふしぎに心を誘う。昔は姿もよく、琵琶の名手であったかもしれない、というところをおぼろげながら忘れられなくて、後に『源氏物語と白楽天』（中西進　岩波書店）という本を読んで琵琶行の詩があることを知り、その中に零落した老女が琵琶を弾く一大詩（六百十六語）があり、それは後世にも遺る世界的な名作で千年にわたって語り伝えられ、私などが理解できるようなものではないのだが、その琵琶行をすでに熟知していた紫式部が、さりげなくこの『源氏物語』の随所に織りこんでいることを知った。

この場面だけではなく、ほとんど全篇にわたって、白楽天の「長恨歌《ちょうごんか》」が朧銀《ろうぎん》の簾のごとくきらめいていて、紫式部がいかに中国の文学、詩に通じていたかを知り、驚くと共にかぎりなく心を誘われる。

読むほどに唐の玄宗皇帝と楊貴妃の悲痛な故事を経糸に敷きつめ、折々に登場する人物にそれとなしに匂わせながら織りすすむ精微極りない大長篇小説が浮かびあがる。あらためて中国の深遠な文化の深みと共に、それをわがものとして掌中におさめ、それとは全く趣きを異にする平安朝のたぐいない雅びの世界、この国の自然のこまやかな移ろいと人々の心映えを女性の手で描き出されたことに、言葉には尽きせぬ思いがする。

その頃の中国のわが国にあたえた文化の大きさの測り知れないこと、一朝一夕に平安文化がうまれたのではないことがよく分かる。しかし、紫式部はその壮大な宇宙観を何とたくみに大和の、この国にふさわしい、やさしい人の情《こころ》と繊細な色彩（平安の襲色目《かさねいろめ》など）によって組みたて、織りなしていったことだろう。

先日も光源氏が須磨へ旅立つ折に『白氏文集《はくしもんじゅう》』を旅の荷の中に入れる、というところを読み、あのうらさみしい須磨の日々に、それらの詩がどんなに身にしみたことだろうと思った。

最近になってまたご縁があって、『加島祥造が詩でよむ漢詩』（里文出版）を読んだ。まるで語りかけられるように身近かに、到底読めもせず理解もできはしないと思っていた白楽天の琵琶行を読み、思わず目の前に月光のかがやく広々とした川が目に浮かんだ。

客を送って漢江の船溜《ふなだまり》までくると、
岸の楓の葉はすっかり赤らみ、
葦はやや枯れて
風は秋になっていた。

にはじまる長い長い詩、その物語を幾度となく読んでいる。友を送って別れがたく、共に舟に乗りこんで盃を交している。こんな時に音楽でもあればよいのにと、別れの寂しさがつのっている時、

水の彼方から琵琶の音がした。
客は旅路に向けていた心を
その音の方へ向け
私もまた自分の帰る身を忘れて
耳をすました。

ようやくその舟をさがしあて、三度五度と頼みをくりかえし燈火もふやし、酒席もあらためてこの宴に加って下さらぬかとたのむのだが、その女人は動こうとしなかった。
やっとこちらの舟に乗り移ってきた女人は琵琶で顔の半ばを隠していた。

やがて座をさだめると、左手で
絃巻《いとまき》をかるく締め
二度、三度と音を調べるのだが
その音色だけでなぜか
その女人の心持が私に伝わってきた。

太い絃は夕立のように鳴り、

細い絃は秘密の言葉をさゝやくよう。

大きな銀の皿に大小の真珠を零《こぼ》し落とすかのよう
また時には小川の岸のさざめく　幽かな
咽び泣くような響。
鶯の潤いある声が花々の下に隠れつゝ啼くのを聞くかのよう。

何か音色がきこえるようだが、延々と続く詩の想いの闊達さ、玄妙さ、哀しさはとても表現の域を脱して、我が身がそこへ乗り移ってゆきそうである。
こうして度々琵琶行の詩に触れていると、いつしかその気分がしみこんで織ってみたい気持ちになり、普通では到底味わうことのできない詩を、こうしてわかりやすく伝えて下さる方がいらっしゃることをありがたく思うのだった。

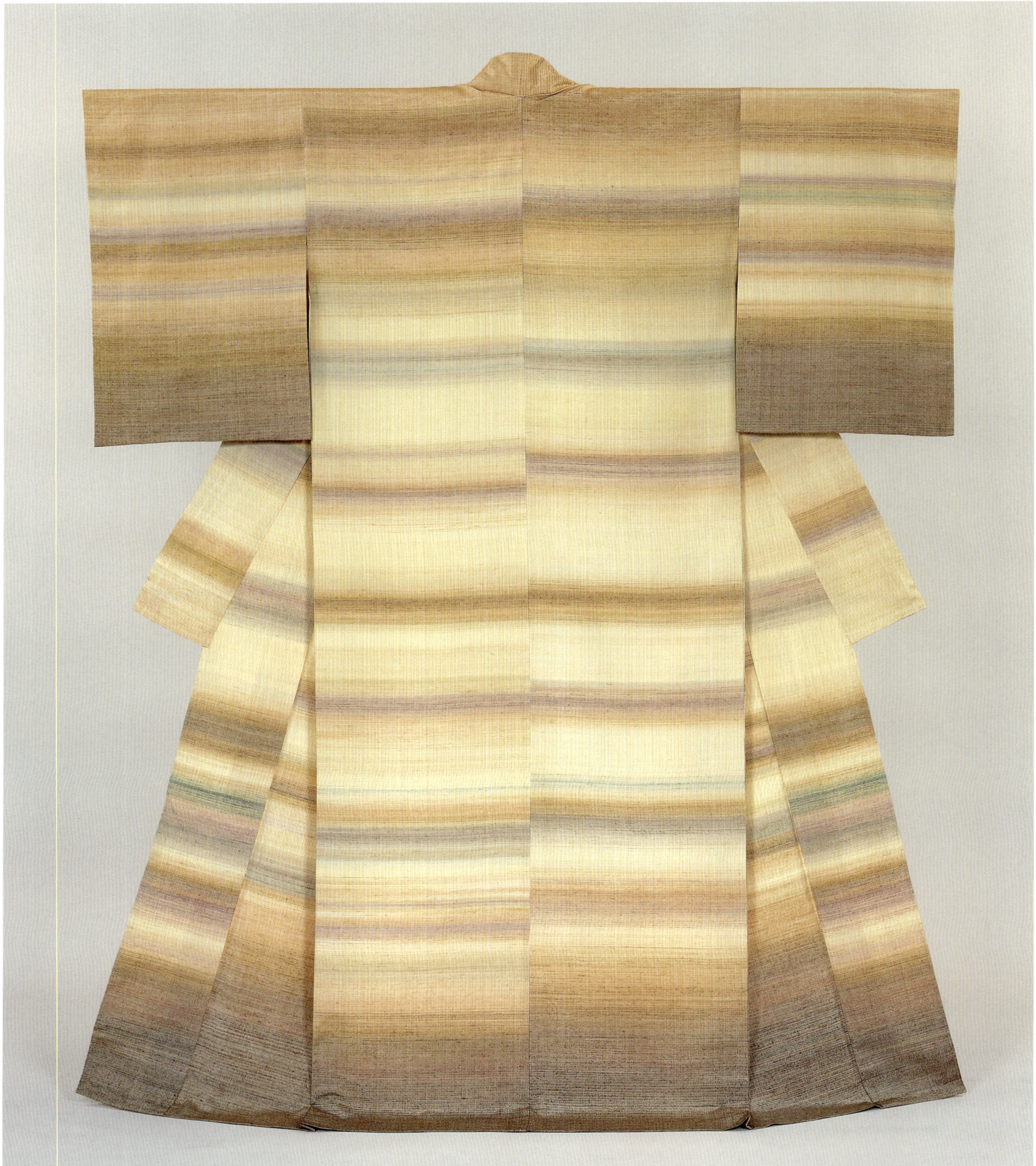

12　薄雲
一九九八年（平成一〇年）

薄雲

薄雲

朝顔

朝顔という花が年ごとに私の心を魅《ひ》きつけてやまない。三年ほど前の夏、京の北山を越えて桂川の源流近くの小さな山荘に住んでいた時、早朝にふと起き出て外に出ると、谿あいの霧のながれるあたりに、いくつとも知れず朝顔が空にむけて咲いていた。

今まで気づかなかったその花の青さに、私は瞬時にとらえられてしまった。まだ明けきらぬ清澄な山の気の中に、その青さは言葉にならないほどだった。これから明けてゆく空さえもたじろいで、我が身を映しとっているのではないか、とそう思ったにちがいない。

こんな齢になって、山の谿あいでこれほどの青に出会うとは、何か粛然としたものに打たれ、霊気に包まれてゆくようだった。清らかとか瑞々《みずみず》しいという言葉はむしろ色褪《いろあ》せて、全く別の色ではないものが色として私に姿を見せてくれたようだった。地上から幾百となく空にむかって青い顔《おもて》をあげてこの一日《ひとひ》を生ききる。

夏の家々の垣根や簾に葉や蔓をからませて咲いている朝顔とは違うもののような気がした。私は朝顔の前に立ちつくしていると、陽はすっかりあがり、すこしオレンジ色を帯びた光がふりそそぎはじめた。青さはますます輝いて満ちあふれるばかりだった。少したってもういちど朝顔の前に立った。すると、どこからしのびよってきたのか花の青はうすい襞《ひだ》をつくって紅いろが射している。どの花もどの花も、花弁の中心にむけて幾すじかの窪みがあり、そこから紅にかわってゆくようである。うす紅から紫へ、花蕊《かしん》からたちのぼるように移ろいはじめている。刻々、青は天にかえってゆく。空のみなもとへ吸いこまれてゆくようだった。私は胸がたじろいだ。

地上の花には地上の花の兆しがにじんできている。もうあの青はどこにもない。

紫を含んだ地上の花である。

夕暮、襞を刻んだ花弁は早くも凋《しぼ》んでいった。一日の、一刻の青だった。

あれほど私をとらえた青は何だったのか。

本当に色だったのだろうか、束の間みせてくれた空の扉だったのだろうか。

13 朝顔

二〇〇一年（平成一三年）

朝顔

朝顔

朝顔

14　玉鬘
二〇〇二年（平成一四年）

玉鬘

玉鬘

15　胡蝶

二〇〇一年（平成一三年）

胡蝶

胡蝶

ホタル　子供のうたえる

川の上の方からずっと下の方まで
ホタルがいっぱいとんでいた。
まん中の橋からもう一つ川がながれて、
その川にもホタルがどんどんわいてきた。
三つの川にホタルがいっぱい。
下の方の草むらにいるのは今食事中。
ホタルの好きな虫をたべているんだって。
上の方にとんでゆくのは、
もしかしたら自分も星になれるかと思って
高く高くのぼってゆくの、
橋の上の子供の中にまで
とんでくるのは仲間になりたいみたい。
つかまえちゃいけないよ、つかまえちゃ、
と僕は橋のたもとでじっと思っていた。
どこかで誰かがボタンでもおしているのかしら、
光がつよくなったり、よわくなったり、
とおくなったり、ちかくなったり、
消えたり、ついたり、
上っていったり、おりてきたり、
ひとり、ひとりサインして
話し合ってるのかしら、
きっとみんなで唱っているのでしょう。

16 蛍

二〇〇四年（平成一六年）

17 篝火

一九九九年（平成一一年）

篝火

篝火

篝火

観空寺あたり

嵯峨野は刈入れも終わって、曼珠沙華《まんじゅしゃげ》の花がわずかにのこっていた。

「観空寺はどこでしょうか」

私は畝をたがやす人にたずねた。

「このあたり全体、観空寺や」

「お寺は」

「あそこや、小さなお堂がみえるやろ」

私はおじぎをして見上げると、もう後ろ姿しかなかった。畝道をとおって小さな御堂にきてみると、観音堂とある。人気はなく、石碑も字が沈んでよめなかった。

畑で菜を摘んでいる女の人にたずねた。

「誰方かいらっしゃるのですか」

「誰もいないよ」

「ご住職も」

「ああ、管理人がときどき来て守っているんや」

と、頬かむりして麦藁帽子の顔もあげず答えてくれた。このあたりの人は観空寺を何と思っているのだろう。このあたり全体が観空寺だったということは知っていても、どんなに広大な堂宇が建っていたかということは知らない。無理もない、百年、二百年前のことではない、千何百年も昔のことなんだから、と私は自分にいい聞かせつつ畝道をひきかえした。嵯峨野はひろびろと秋の陽をうけ、落穂をやく煙がうすあおくたなびいている。後方に清涼寺の大甍《おおいらか》がみえる。東の大覚寺は、大沢、広沢の池をひかえて、かつての嵯峨御所の風格を備えて堂々としている。その線上の一点にこの忘れられた観空寺はあるのである。

　かつて源氏一門の菩提寺として、観空寺がどのような勢力のもとに壮大な寺院を築いていたか。平安初期に清涼寺は源融公の別荘、棲霞観があったところで、春秋の御遊には貴族達が歌をよみ、管絃をたのしみ、清和上皇をお迎えしたといわれている。『源氏物語』にも嵯峨の御堂として親しまれていた。私は夕なずむ野辺に立って古《いにしえ》のことを思わずにはいられなかった。清涼寺の森から美しく飾られた御輿に乗った上臈《じょうろう》達が馬上の上達部《かんだちめ》達にまもられながら行列をつくって観空寺に参詣する姿が幻のように浮かんできた。とその時、もう十年も前になるが、その頃毎朝この道を散歩していたことを思い出した。竹林沿いに山裾をめぐり、かなり奥の山道をのぼってゆくと、ふしぎな光景に出合ったのだ。

　山の斜面は大きな竹藪で、何か光が射している。その中を観音様や勢至様がすこし小腰をかがめて横をむいたまま藪の奥の方に入っていかれた。もちろん目の錯覚、幻をみていることはわかっていても、なぜこんな人里はなれたところで御仏《みほとけ》をみたのだろう。それからしばらくしてもういちど、同じ道の藪の傍に古い農家の納屋があり、藁を積んだ奥の方に観音様が座っていらしたのを見たのだ。続けて二どもこのあたりで御仏に出会うとはなぜだろう、と、その頃私は宇佐見英治さんとの往復書簡の中にそのことを書いているのを思い出した。『一茎有情　宇佐見英治・志村ふくみ対談と書簡集』（用美社　一九八四）とあるから、もう二十年も前のことである。

「ある朝、北嵯峨の山裾まで歩いてゆきました時、農家の納屋の奥が光ってみえ、三尊仏が在《まし》ますように思われました。一瞬の間、納屋は早辰の清澄な厨子となり、藁束や干草がほのかに光ってみえたのでしょう。この春の奈良の浄土曼荼羅《まんだら》の余光がこんな風にあらわれたのでしょうか」と書いている。その頃たしかに私は奈良にでかけ、平安の仏像や仏画に出合う機会が多く、その時はそう思ったのだが、今思ってみれば、そこはたしかに観空寺あたりなのだ。今そのあたりに住む人も誰もしらない観空寺の御仏達が二十年前幻にあらわれ、それを今になって気づかせていただいているのではないかと、そんなことは夢、幻にすぎないことは分かっていても、拭い去れないのである。しかし、源融公の墓と、かつて棲霞観にあった阿弥陀三尊仏、観空寺あたりはたしかに存在する。平安初期の絢爛《けんらん》たる堂宇がこの嵯峨野に点在したのは夢ではない。再びあらわれることのないその余映を私は追い求めずにはいられないのだろうか。

18 野分

二〇〇三年（平成一五年）

野分

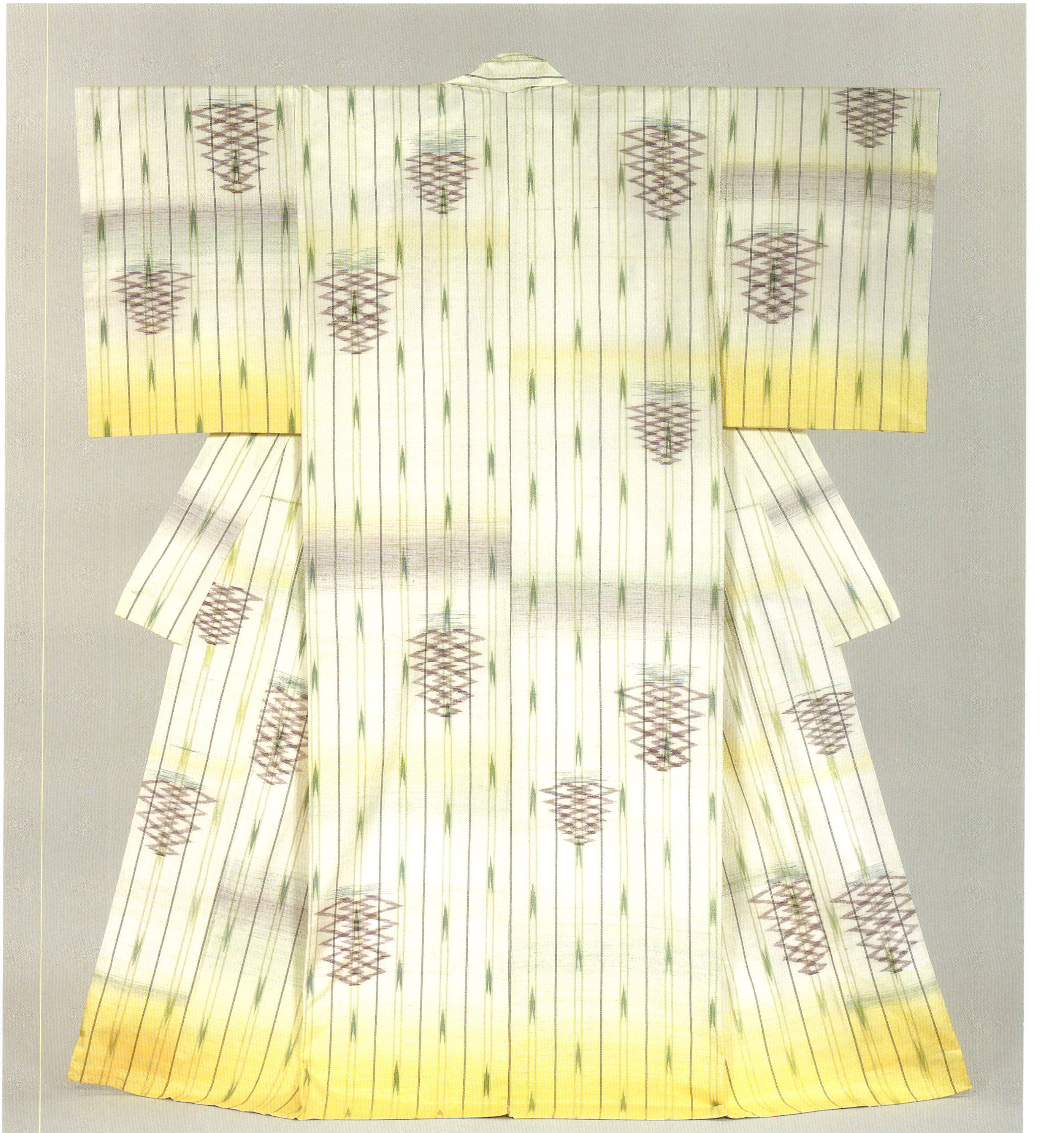

19 藤裏葉

二〇〇二年（平成一四年）

藤裏葉

藤裏葉

20　若菜

一九九九年（平成一一年）

若菜

若菜

21　夕霧

二〇〇一年（平成一三年）

夕霧

夕霧

野の宮あたり

十代の終わり頃だったろうか、はじめて、『源氏物語』（谷崎潤一郎訳）の和綴《わとじ》の本を手にしたのは、深い緑色の表紙だったように記憶する。各章のはじめに、「桐壷」「帚木」と薄様の料紙に尾上柴舟の筆になる流れるような文字がかかれていて、そのまま源氏の世界が彷彿《ほうふつ》とするような美しい本だった。私はその巻々を読みふけった。

一頁一頁終わるのが惜しいようだったが、まだ原文まではなかなかたどりつけず、その後もうこの嵯峨の家に住みはじめた頃、ご近所の国文学の先生に十年ほど原文で習ったが、心はひかれていても、奥まで入りこむことはできず別世界をのぞみみるような気持ちだった。あの流麗な文章の前に畏《おそ》れかしこまって憧ればかりで心の中に灯《ひ》をともすことはできなかった。しかしそんなことで、しらずしらず『源氏物語』への扉が開かれていったのかもしれない。

本を読むことは何より好きだったが、私は文学をする人間ではなく、染と織に朝夕立ち働き、夕べになってやっと読書にたどりつき、昼間の疲れで身をいれて読めるはずもなかった。そんな中でいつしか織の仕事のほかに本を読むことと書くことが私の支えになっていった。織の仕事は毎日いやでもする――本当はいやだと思ったことは一度もないのだが――、しかし時折、機《はた》の車輪がかすれた音を出す。日本の古典、伝統はもとより私達の母胎ではあるが、そこから自分自身のものを汲みあげることの至難さ、まさに針の目処《めど》をとおるほどの奥深さ、堅固さ、厳しさで、年をかさねるごとにその重みが肩にのしかかり、新しいものをつくるより、気がつけば模倣にすぎず、自分が枯れてゆくのを見るようになった。このまま枯れてゆくのかと思っているうちに、本を読むことが今までと違って、地に水が沁みこむように私の中に刻みこまれてゆく、いつの間にか、読むことは疲れないばかりか元気がでるのだった。

どこか枯れたところから芽が吹き出したのか読みたくて、求めずにはいられなくて、こんどは土から水を吸い上げる植物のようだった。その内容が外界のことではなく内奥の世界として、主人公に他人ではないような親近感をもち、共に苦しんだり、悩んだり、悦んだりした。旅先のインドでもトルコでも文庫本は離せなかった。とくにドストイェフスキイはどんな時も一緒だった。これさえ持っていれば旅先でどんなに予定が狂っても平気だった。もう若くはなくそんな外国へ行くこともなくなって数年、再び身近かに大きく浮かび上がってきたのは『源氏物語』だった。

今までどこを読んでいたのかと思うほど近々と迫って感じられた。仄暗《ほのぐら》い几帳や屏風の奥から空薫《そらだき》の香りが文章をのせてしみこんでくる。とても千古の昔の物語とは思えなくなった。というのも話はすこし前後するが、十年ほど前になろうか、日本の美術史、とくに平安の美術史を研究をなさっている白畑よし先生にお目にかかり、『源氏物語』『平家納経』『扇面法華経』などの講義を、ご自宅で絵巻の本をひろげながら伺う幸せにめぐり合った。閑雅な伏見のお独り住まいの庭には、四季の草花がゆれ、床には消息文《しょうそくぶみ》などがかけられていた。その頃すでにご高齢ではあったが、いまだに研究の日々をすごしていらっしゃった。「私は退屈という時間がないんですよ、学べば学ぶほど面白くてね、新しい発見があるんです」といわれた。その時の忘れられないことばの一つは「志村さん、まだ二十年ありますよ、ご勉強なさいまし」というのだった。

ある時、それも生涯忘れることのできないのは、先生が「鈴虫」の章を語られた時のこと。若く尼君になられた女三の宮を、それでも源氏はいとしく大切になされ、念誦堂をお建てになり、十五夜の宵にたずねてゆかれる。念誦堂では仏に花を奉るというので尼達が閼伽坏《あかつき》に水を注いで触れ合っている澄んだ音、庭先に流れる遣《や》り水《みず》の気配、草叢にすだく虫の音、ほのぼの聞こえてくる阿弥陀の大呪《だいず》などが打ちかさなって聞こえてくる。どこかに通い路でもできたのか、千年の昔の音が聞こえるはずもないのにと思うも束の間、私は時を空を超えて聞いていたのである。白畑先生の語りかけられる平安の世の物語は、瞬きの間に夢ならぬ古代《いにしえ》に導き入れて下さるようだった。それは先生の人生からにじみ出てくる含蓄の深いもので味わい尽くせるものではなかったが、このような話を私ひとりで伺うのはあまりに惜しいと思うようになり、私がお相手では申しわけなかったのだが、逡巡される先生にたってお願いして、『心葉――平安の美を語る』（人文書院）という対談集を出版させていただいた。白畑先生は常々、「平安の美術を語るのは最も難しい、いくら史料や文献をしらべても、「美」を語ることはできないのです。ひとりひとり感じていただく以外にはないのです」といわれた。

鑑賞し、讃美することはできても、滅多に近づくことはできない。とくに創作《もの》をつくる人間は、という先生の暗に含んだいましめはよく肝に銘じていた。平安にくらべれば見るに耐えないものしかできない、というのはよく分かっている。しかし目に浮かぶのは平安の色であった。もとより、本当の平安の色などみたことはない、それは幻にしかすぎないのだが、私は日々植物から色を染め出しながら片時もはなれることのない、平安の色とはどういう色なのだろうと思わない日はなかった。植物の精をとおして語りかけ、しみとおる色彩は、時代を経ても通ってくるのではあるまいか。嵯峨野はかつて平安貴族の御遊の場であり、私の住む中院《ちゅういん》町は藤原定家、為家が住んでいて中院の大臣《おとど》と呼ばれていた。すぐ近くの厭離庵《えんりあん》には柳居の井戸、時雨亭などがあり、為家卿の墓もその傍らにある。三十余年、小倉山の麓に住み、同じ土、水で仕事をしてきたものへの無言の働きかけがあるとしたら色ではないだろうかと、ひそかに願っているのである。

この二、三年、一作一作を、『源氏物語』各章の風物を思い浮かべながら織りつづけていた。その作品がいつしか十数点あまり箪笥《たんす》に納められていった。

染め上がる色糸も、今まではどんどん制作のためにつかっていたが、思いたって糸箪笥をつくりそこに納めていくようにした。もとより平安の色に及ぶべくもないが、かつて白畑先生が、「何だか平安の色を思いますね」といって下さった一言が私にはただ一つの支えとなっていた。

先頃、ご縁があって伊吹和子さんにお目にかかり、『源氏物語』の講義を伺うという幸運に再びめぐり合った。もっと若いうちにお目にかかっていたらと残念に思いながらも、今なればこそ、老いてこの講義を伺うことの得がたさ、若い時ならば華麗な絵巻の繰りひろげられるのをさぞ楽しんだことだろう。伊吹さんもまたここまで到達される歳月は決して平坦なものではなかったであろう。谷崎潤一郎の傍らで『源氏物語』（谷崎潤一郎新訳）をはじめ、原稿の口述筆記を十二年間なさり、新々訳まで三回、その間のすべてのことは御著『われよりほかに』（講談社）に詳しく述べられている。文豪といわれる一人の人間の内面に近づかざるを得ない立場、己れを捨てて口述筆記の筆になりきる、それは稀有な体験である。伊吹さんを措いてその任に徹することは並々のことではなく、不可能であるとさえ思われる。

伊吹さんの持って生れた品性、才能に加えて、常に明晰で客観的な眼を失わず、谷崎潤一郎に対しても深い尊敬の念と共に、冷静な判断と認識をもって接しられたことがよく察しられるのである。また紫式部、光源氏に対しても、語り口はまことに優雅であるが、すこし距離を置きながら、その背景にひろがる時代の変遷、推移を適確に語られる学識も豊かである。

谷崎潤一郎亡きあとも研究をかさねられ、その蘊蓄《うんちく》を傾けて語られる内容に私は深い共感をおぼえずにはいられなかった。屢々《しばしば》伊吹さんは女性の内面、自己について語られた。

あの時代の貴族の女性が親の権力に従って入内《じゅだい》し、帝の后、女御、更衣となり、男性のつくり上げた社会に生きる、その時、人間の自我はどうなっていたか。犯されず、狂わず、己れを持していられたろうか。あるいは病に倒れ、落飾する方々もあった。

私はかねて六条御息所《みやすどころ》に思いをはせ、あれほどの高い身分の方であり、燻銀《いぶしぎん》のような奥床しさ、教養の深さをもちながら、なぜ怨霊や生霊《いきりょう》となって人を悩ませたか、もちろん小説であり、時代は違う。にもかかわらず、人間の魂の領域にそれほどの違いがあろうとは思えない。平安時代の仮名文字、女絵など、唐の文化から日本《やまと》の文化へとようやく開花した時代に、紫式部や清少納言の女性による文学があらわれた。一方、その時代の帝をはじめ藤原道長等の教養の高い貴族達の庇護をうけ、女性達は輝くばかりに磨かれていったのだろうか。そうであればなおのこと、あの優れた御息所が、誰に訴えるすべもなく漆黒の闇に閉ざされ、自らの中から抜け出ようとする生霊をとどめかね、いかに苦しんだことだろう。その懊悩《おうのう》を思わずして、ひとくくりに物《もの》の怪《け》として御息所に負いかぶせてしまうことの不条理、たとえ千古の昔の物語であろうと私は御息所に同情を禁じ得ない。そんなことをいったって、あれは物語なのだ、小説なのだと人は笑うかもしれない。

伊吹さんもその時代の女性の自我がどんなに救われようのないものだったか、御息所のような魂の深さ、情の濃さ、繊細さであったればこそ、身分の高さにふさわしい自我の誇りを保つことがどんなに至難であったかと、あのような怨霊の人といわれたことへの深い洞察を屢々語られ、御息所の哀しみの深さが伝わってくるようだった。そういう話を伺っている中に、私は御息所の上に少し光が射したような気がして何か腑《ふ》に落ちたという気がした。胸につかえていたものがふっと落ちたように六条御息所の魂の呪縛《じゅばく》がいくらかでも解けるようにと願う思いだった。

私はよく野宮《ののみや》神社にお参りする。このあたりの氏神様である。常寂光寺の坂を上り、小倉の池にでると、そこから昼なお暗い竹藪である。ひとりでは心細いような夕暮、両側にはさまれるようにして竹藪にさしかかった時、渋色の竹の皮がはらりと落ちて萌黄色に濡れた若竹があらわれた。そのなまめかしさにぞくっとして、何か竹林の奥にひそむものがあるように感じながら、坂を下りると野宮神社であった。黒木の鳥居をくぐると、深々と厚い苔におおわれた庭園がある。品よくしつらえた小柴垣の奥に六条御息所の住居があったのであろうか。竹林をわたる風、降り止まぬ雨、黒うるしを塗りこめたような闇、幾夜も幾夜も源氏を待ちつづける孤独な御息所の生霊が我しらずさまよい出るのもふしぎはない、と私は千年の昔の夜の凄《すさ》まじさを思わずにはいられなかった。

22 橋姫

二〇〇〇年（平成一二年）

橋姫

橋姫

櫛

私の四十年来の友達で、自ら世間に発表を避け静かに暮らしている詩人がいる。山本淺子さんといい、かつては稲垣足穂の弟子であった。

折々会って語ることの楽しさは格別で、その見識の高さ、芸術的香り、独創性、批判精神もなかなか鋭く、若い時は夜のふけるのも忘れて語り合ったものだ。さすがに、この頃は私より三つ四つ上だから、よる年波、お互いに老いてはいるが、精神は潑剌《はつらつ》たるもので、少女のような声でしゃべる。たまに会うのは先斗町《ぽんと》の小さな洋食屋。頼むのはきまってオムレツと黒ビールである。ふだんは一汁一菜というが（季節によるおいしいものは食べているというが）、一度も職を持たず、まさに霞を食べて生きている詩人としか思えない。決してお金のかかるアクセサリーではないが、常に指輪、ブレスレット、ネックレスをしている。それが実に洒落ている。先日ちょっとした手術をして入院した時見舞いにゆくと、手術直後なのに緑の大きな指輪をしていた。「私ってほんとはお洒落なの」という。世にいうお洒落とはおよそ正反対。時代おくれ、お金がかかっていない、と人は言うかもしれないが、私はひそかに尊敬する。誰も真似ができないという点でも、ガラスでもブリキでもステンレスでも立派に使いこなせる人だ。

先日珍しく私の家を訪ねてくれた。前々から『源氏物語』の話はいつもしていたし、釈迦堂に源融公の墓があることも知っていたので、二人でまずその墓に詣で、霊宝館で私が最近気づいて驚嘆している源融公がみずからをモデルにしてつくらせたという阿弥陀尊像を拝した。「さすがにあなたがまいっているだけあるわ、美男子で」といいながら帰りぎわにふと髪に手をやって——まっ白の髪に小さな髷《まげ》を結っている——「あら、櫛がないわ、どうしよう、愛してる櫛なのに」と何度もいい、二人でそこらをさがしたが見あたらない。いかにも残念そうに「愛してたのに」をくりかえし、かえり道もさがすわといって別れた。

その翌々日手紙がきた。

櫛　ありました。

すっかりあきらめて念のため、もときた道をひきかえそうと思い、融公の墓にも立ち寄っていたので、木の鳥居をくぐりますと、すぐ目の前の苔の上に　ふんわりと落ちているではありませんか。

夢かとばかり、押しいただくようにポケットにおさめて、持ちかえりました。

失くしたことに気づいたのが霊宝館に入ってすぐ何故だか髪に手をやったからでした。阿弥陀三尊の中尊でおわす融公が、墓の方であずかっているよとおしらせ下さいましたような、何とも不思議な思いがいたします。

櫛にまつわって融公への思いを一筆したためました。

というのである。

第二章　近作

薔薇

題字　山本淺子

薔薇《そうび》

『源氏物語』の中に

階《はし》のもとの薔薇《さうび》けしきばかり咲《さ》きて、春秋の
花ざかりよりも、しめやかに、をかしき程なるに……「賢木」　（日本古典文学大系）

とあるのを読んで、私達が普段みている花屋のばらなどは、決してしめやかではないのに、千年の昔の薔薇は、籬《まがき》や階《きざはし》の下にひっそり咲いて人の心を魅きつける奥床しさをもっていたのかと心にとまった。そういえば『万葉集』などにもいばら、うばらという野の花がでてくる。私もどちらかというと野原などでみかける一重の白いいばらや星のように黄色の花をつけたばらが好きだ。バラというと何か西洋の花のようだけれど薔薇という美しい文字は「薔薇架」とか、前述の「階底の薔薇夏に入りて開く」など白楽天の詩に出て来る。

ある方が、この文字をあのばらの花の形からきているのではないかといわれた。そういえば、たしかに棘《とげ》のある枝、花弁のかさなり合った花の仕組みが思われる。

先年、毛利家の能衣裳を拝見した時、特に心にのこった「紅萌黄段唐草に格子片身寄り」という能衣裳があった。歳月を経てまさに滅びようとする妖しい美しさの漂う御衣を私はおそるおそる手にとらせていただき抱きしめたいほどの思いだったが、その時博物館のK氏が「それは今の今まで唐草だとばかり思っていましたが薔薇です。唐草ではない、薔薇です」といわれ、私はなお一層その衣裳がいとおしく思われた。

1　野薔薇

二〇〇二年（平成一四年）

野薔薇

2　ガリラヤ
一九九八年（平成一〇年）

グルタのピアノ

はじめてグルタのピアノを聴いた。テレビで
ふと見たその風貌。なぜかなつかしい。
さわやかにしみいるショパン、
盤の上をすべる澄んだ玉、
こぼれる滴。
すーっと心のうちに入ってきた。
うつくしいトルコ帽がよく似合い、
臙脂《えんじ》がかった紫の眼がねをかけ、
さみしいような、困ったような
あたたかい表情である。
どこかで見たことのありそうな人の顔がうかぶ。
芹沢銈介さん、黒田辰秋さん。
そうだ、黒沢明監督にも
どこか似ている。
眉毛をよせ、目を伏せてピアノにむかって
ささやいているかと思うと、ドビッシーや
ベートォベン、ソナタの大曲を
さかまく波のようにはげしく弾く。
それでもどこか軽みがあって
重々しくはない。
目の前に水とか、光とか、舞っているようだ。

弾き終ると、マイクをもちにこにこして
「もっとききたいかい、何がいいの」
会場から「アリア」と言う声。
「そう、アリアね、僕のでいいの」といいながら
うれしそうにグルタのアリアを弾く。
顔をちょっと聴衆の方にかたむけて

ほほえみながら弾く。
黒のシャツ、うすい腕時計、すこし丸い背中に
一本の白髪がのっている。親近感のせいか、
そんなことまでみてしまう。

おどろいたのはそのあとのジャズ・ピアノ、
楽団をひきいて登場する。
サックス、ドラム、ギターなどのコンビ、
実にお洒落な人達。
こんどはがらっと違った雰囲気のグルタ、
黄土色《オークルジョン》のセーター、紺の縞の帽子、
どうみてもジャズマンの軽妙さ。
最後のアンコールにこたえて
消えたかと思うとフラフラ、
ひっこんだかと思うとまたフラフラ、
出てくるのが実にいい、
「夜も更《ふ》けた、夜想曲《ノクターン》をひこう、
みんな好きだろ、僕も好きだ」
しみいるような余韻をのこして拍手が
なりやまない。
またフラフラと出てきて自作の曲を
こぼれそうな音でまきちらし、
最後にパタンとピアノの蓋をしめた。
にっこり笑って手をふって
カーテンのむこうに消えた。
とどきもしない拍手を私はやめられない。

3 緑菱
一九九八年（平成一〇年）

蒲生野

この頃夜床に入って眠れない時
瞼を閉じて思い出す。
近江に住んでいた頃のこと。
まだ仕事をはじめたばかりで
子供達は、小学生だった。
目の前に長光寺山、水晶山などという
小高い丘があって、よく登った。
休みの日、子供達は水晶山にのぼって、
頂上から〝お母さん、お母さん〟と呼んでいた。
私は庭先にでて、白い布を振り、
しまいにはシーツまで持ち出して
振ったものだ。
赤松の美しい林、もう今は半分くらい
けずられてしまった。

ある日、私はひとりで落葉の敷きつめた
山道をのぼっていった。
刈入れの終わった山裾の田園は
落穂をやく煙がたゆたい、
北の方に湖が光っていた。
点々と、緑の鉢を伏せたような
なだらかな丘のまわりに
竹林が風にゆれている。
赤松の樹々の合間から
私の小さな機屋《はたや》がみえ、
今朝染め上げたばかりの
楊梅や蘇芳の糸が干してある。
窓のそばの小さな人影は

4　宇津保

二〇〇〇年（平成一二年）

とん、とんと機を織る母さんか。
赤や黄の糸で縫ったような花畑、
つつましい菜園、麦藁帽子の人がいる。
小川のそばの線路は単線、
春には線路のわきにびっしり
つくしんぼが出て、電車のとおるたびに
そろっておじぎしたものだ。
むこうの森から豆粒のような赤い電車
あらわれて、葡萄園や村役場を
よこぎって、とおくの森に消える。
学校の庭で、子供達が
マッチ棒みたいに列なったり、
小さな木の実がはじけるように
ちらばったり、運動会のけいこかしら。
風と雲に追いあげられて、
いつの間にか山の頂上まできていた。
見わたすかぎりの蒲生野。
まあ、何とうつくしいことか。

ちりばめられ、織りなされ、
繍《ぬい》とられ、染め上げられ、
満ち満ちてあふれる田園、
この巧みな自然の意匠。
誰が構成し、彩色し、造形したの。
あるがまま日の光の中に浮び上がる
大画面。
画家なら筆を、
詩人なら言葉を、

楽人なら調べを、
しかし私は何もできない。
しびれるように
胸が高鳴っているばかりだ。

あの、私の機屋には、
野山でとってきた団栗《どんぐり》、橡《とち》の実、
山梔子《くちなし》などで染めた糸が
葛籠《つづら》にあふれている。
湿った土の色、枯草や落葉の色、
川藻や細石の色、湖の色、雨の色。
絵具は、私にとって染めた糸。
絵筆は、杼《ひ》と筬《おさ》。
神様のあたえて下さった、この道具、
自然の画帳を織ることを
胸に刻んで、私は山を下った。

蒲生野

5　青綾

一九九八年（平成一〇年）

絵本

暮れになると、丸善で絵本の展覧会がある。
外国の作家の原画も飾られ、
眩《まぶ》しい色彩、たのしい童話であふれるばかりだ。
私は興奮して
好きな作家の本を何冊も何冊もかかえこんで
〃いいのよ、母さんはね、パーマもかけないでしょ、
美容院にも、いかないでしょ、
だから　こんな時　ぜいたくしても〃
別にそんなこと聞いてもいない子供に
一生懸命いいわけした。
となりで知らない人がうつむいて笑っていた。

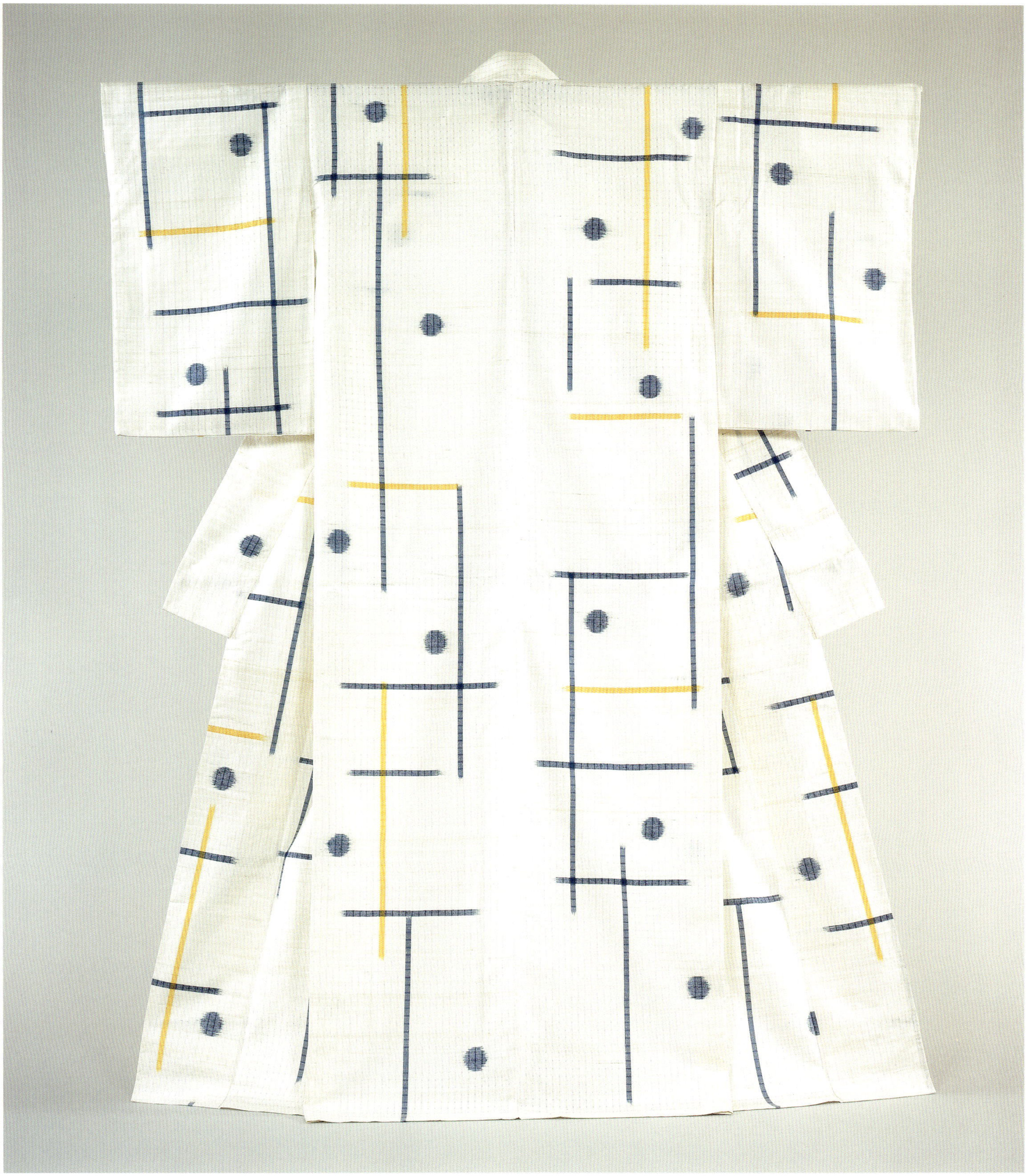

6 律

一九九九年（平成一一年）

枯れた菜種畑

「いちめんの菜の花」
「いちめんの菜の花」と
山村暮鳥はうたったが、
今、いちめんの枯れた菜たね畑に、
両側からはさまれて自転車で
突っ走っている。
みどりにも、むらさきにも、黄いろにも、
何かがまざっている。
粉っぽい臘石《ろうせき》、かすれた蛾の羽、
不透明な虹。
淡いくせに、はげしくて、
狂いそうに、うつくしくて、
しんと青い夕ぐれ。

7 風露

二〇〇〇年（平成一二年）

8 重陽

二〇〇〇年（平成一二年）

9　たまゆら
二〇〇一年（平成一三年）

燠《おき》

柚《ゆず》の実のなる川添の道は
小さな村に蒼い流れになって注ぐ。
私は心にあふれるものをだいて
その道をいそいでいる。
麦束の湿った匂い、夕暮の草叢《くさむら》の
むこうに藁葺《わらぶき》の小さな窓、
火が灯《とも》っている。
夏のはじめの宵は、どこもかも
ぼぉっとにじんでいる。
熱っぽく、妙に心をかきたてられる。
青葉の影が地に吸いついてしまったような
そのあたりに蒼い煙が立ち、
白い灰の中に朱の色が幽かにみえる。
燠だろうか、うす墨いろの中の
燃えながら、尽きようとして、
尽きようとして、燃えている朱の色。
身ひとつに支えきれない想いをいだいて、
暗緑の木かげ、柚の実の下で
その燠をじっとみている。

10 青嵐
二〇〇二年（平成一四年）

青嵐

青嵐

11　ひとり言
二〇〇三年（平成一五年）

ひとり言

〝読んでくれる、この織物のこと。
いま、ひとつの織物を織り上げてその間中
ずっと私は織物とお話ししてたの。
小説みたいに、いろんなことが書いてあるの
字じゃなくて、糸でね〟

旅に出たときのこと、
外国の小さいけれど好きなホテルだった。
螺旋《らせん》階段が五階くらいまで
吹き抜けになっていて
真紅のカーペットが擦り切れているのに
とても美しいの。
夜更け、カーテンをそっとあけてみたら
むこうのガラス窓がみえた。
臘化《ろうか》したローマングラスのように曇っていて、
その奥にぼぉっと灯がともっていた。
病人でもいそうな陰気な物哀しい部屋、
どんな人がどんな感情の蔓にからまれて
暮しているのかしら。
わからない世界にわからない人が住んでいるから
私はその中へ入ってゆける。
色彩として実に美しい。
幻想的なの、
そう思ってみていると私の中に何枚も何枚も
ひらりひらりと絵が舞い落ちるの。
今描いたかと思うほど
絵具が濡れているようにあざやかに、
そういう断片が旅の間中

蛍

私の中にたまってゆく。
ところが、朝起きておどろいたの。
みすぼらしい裏町の、日のあたらない
みすぼらしい裏窓、
枯れた蔓や苔まで生えた古い壁、
あそこにゆうべおそくまで眠れない人がいたのだ。
夜は人を幻想的にするけど、いま現実の
この裏町をみていると、いっそう心に沁みて、
こんな気持ちを織りたいと思うの。
そんな思い出の切れ端が積もり積もって
言葉になる人もあるし、色になる人もある。
想像の世界がそれをふくらませて、
ある時、こんな織物になるの。
うす茶や、グレー、すこしはげたようなみどり、
そんな色を〝半殺し〟とか〝よごれ白〟とか
ほんとにひどい名前をつけて使っているけど、
その色はまわりのみんなを美しくするの。
そんな人っているでしょ、その人がいるだけで
きもちがやさしくなる人って。
ほんとうはその色は美しいの、けれど
自分をひそませてまわりを輝かせているの。
〝半殺し〟とか〝よごれ白〟なんて
呼ぶべきではない、誰かがそう言っていたから
今まで無意識につかっていたの、
とても恥かしいことだった。
本当は菩薩色とでも呼ぶべきだった。
あんまりおとなしいからつい人間って

蛍

軽蔑してしまうのね。
はじめて今気がついたわ、
その色があるので全体が渋く、深い味わいがでるの。
ドストイェフスキイの世界にもそういう人が
いろんなところにちりばめられていて、
でも読者はその人を光らせているでしょ。
主人公やまわりの人をあわれんだり、笑いものにしたり、
貧相な奴だと思っている。
けれどドストイェフスキイにとっては、その人達は
とても大事な人、ひねくれて、下品で嘘つきで、
人の心を不敵にあざ笑ったりして、みんなを
口惜しがらせるけど、実はその人が廻転の軸になって
みんなを夢中にさせ、笑わせ、涙させたりもするの。
それを道化って言うのかしらね、
実はそれが一ばんむずかしい人生の味つけかもしれないのね。
この人生で誰もなりたくない役、
みすぼらしい嫌われ役、
けれど誰かがやらなきゃならない役、
だらしない、ずるい役、冷酷無惨な役、
だけどこの人生には欠くことのできない役、
菩薩様がみずからそんな役を買って出て下さって
いるのじゃないかと思ってしまうくらい。
いい役はほんとに少ない。立派な人、高潔な人、
やさしい人、きれいな人、でもそれだけじゃつまらない。
そんな人って本当はいないのよ、どんな人だって
殺人者にも、強盗にもなる、ならなければ
ならない状況に遭遇したら、仮面をかぶって
生きなければならない人もいる、だから素直に

蛍

人の幸福をよろこべない、そんなことを考えたら
自分が情けなく、沈んでしまうけど、
人間はそういう鏡ではないかしら、
いろんなものを写す鏡。
だから人の幸を願えるような光の角度を
一生懸命さがすの。
闇の角度だってある、けれどそこに止どまってはいられない、
どこからかすーっと光の射す角度、そこに照準を
さだめて織り出すの。

老いてみていろいろなことがわかってきた、今私には
八十の引き出しがあるの、十歳の子供には十の引出し、
年をとると歳月が早くすぎるというけど、
たしかに八十の引出しを出したりしめたりするから
いそがしいの、とくに昔の引出しはいろんな思い出を
ひきつれてやってくる。
でもそれはふしぎに、たのしいことばかり、
若い時のよろこびを伴なって。

哀しいこと、耐えられないような苦しみは、
歳月によっていつの間にか浄化されているの、
今、それにようやく気づいた、
死は浄化の領域に入ることだと。
闇は暗いと思っていたが、
本当は明るい、底知れない明るさなのだと
少しずつ気づかせてもらっている。

12　コンポジション
一九九九年（平成一一年）

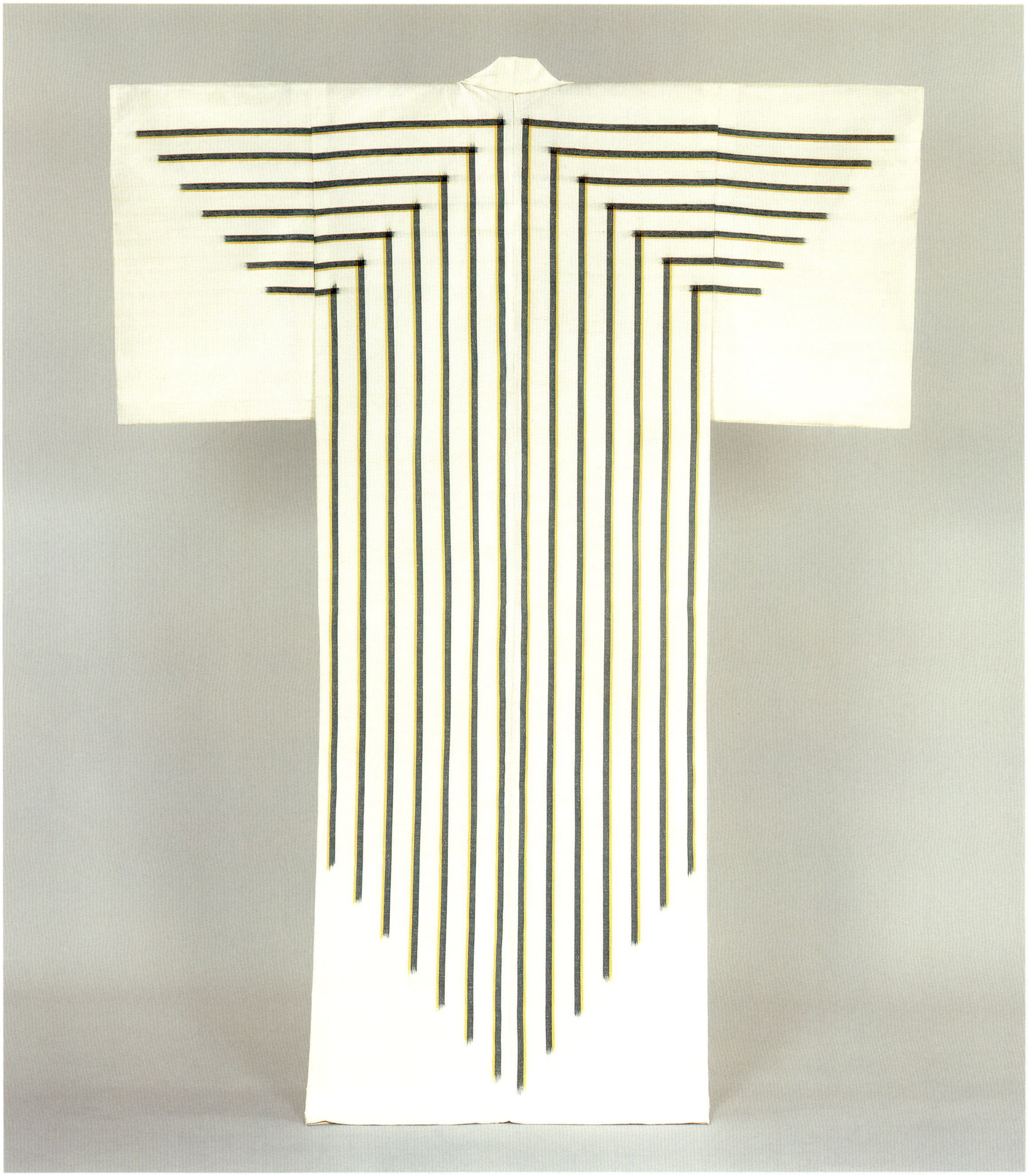

13　歴程

一九九九年（平成一一年）

Mに

形がはみ出したり、くねくね曲ったり。
どっちを向いても、ひっくりかえっても、
ころんだり、ねそべったり、おどったりしても、
どんな色にしようと、青であろうと、
赤、えび茶、緑、紫、ピンク、何色であろうと
何をしようとかまわない。ほんとにかまわない。

この絵！　果して、そうか。そうなのか。
長い人生、物を見て、愛して、憎んで、
切り捨てて、それでも好きで、何より好きで、
物のかたちや色があなたの前にうれしそうに
あらわれる。上の方からも降ってくる。
色や形はあなたに愛されたくて、
あなたの掌のうちに入りこみたくてやってきた。
ほんとにやってきた。
年老いて、謙虚なあなたに。

いつもおどろいたり、夢中になったり、
鳩のようにおとなしく、鷹のようにけわしい
あなたの眼。いつも何かを掴みとろうとする
貪欲な、休息をしらない、あなたの眼。
けれど、心の中は　いつもよく耕されていて、それらを
植えつける、聡明な畑がある。
子供よりもっと澄んだ高い空気が
あなたを包んでいる。それは、この世のことを一杯見てしまったから。
もう底をついてしまった人生の導師のように。
でも自分じゃそんなこと夢にも思わないで
鋏をくるくるまわして飛び出してくる。
いろんな形《もの》に心を奪われて

わくわくしているあなたをみていると、
私も元気がでる。うれしくなる。
この単純な形に、このシンプルな色彩に
どれほどの深い無量の想いがこめられていて、
ほんとはこんなかたい言葉じゃなく、子供みたいに
何てあかるい！
何てうれしい！　といってしまえばいいのだろうか。

この一つの形がうまれでるまでに
どんなに多くの切り捨てられたものがあるだろう。
この一つの形の中にこめられている真実が
すべてを物語っている。
愛といっていいか、ユーモアといっていいか。
どんな壮麗な絵画より、この一点の
切絵に打たれる。心が開かれる。
命、力、愛があふれている。
単純ということはすごいこと。
切り抜かれて、はらはらと散っていった紙屑は、
その一つのかたちのために
散華《さんげ》する花びら、幾千、万と散っていった。
そのたった一つの、のこされた形。
だから、何をしたっていいのではない。
その真反対、たったひとつ、
それしかない。のこされたそのひとつ。
あなたの、のこされた時間、のこされた命と共に
それは、あなたの手の中から生れてくる。
ベッドによこたわっても、なお、あなたは
長い絵筆をもってえがいている。
最後の、最後まで。

Mに

14　冬の薔薇

一九九八年（平成一〇年）

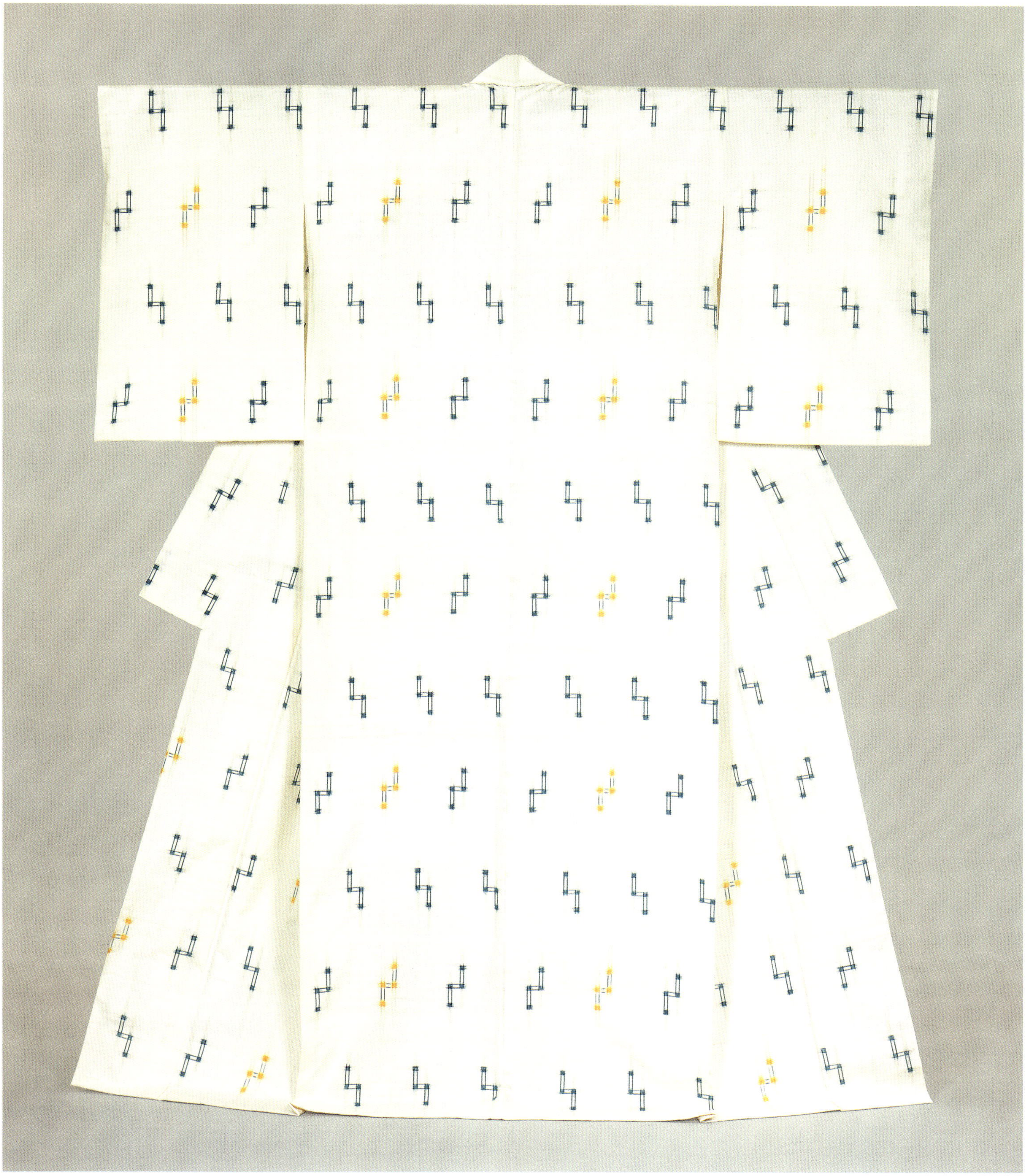

15 春星

二〇〇三年（平成一五年）

春星

16　湖上暮色

一九八八年（昭和六三年）

17　さふらん
一九九〇年（平成二年）

18　流鏑馬

二〇〇一年（平成一三年）

19 夜桜
二〇〇〇年（平成一二年）

20 如月

一九九九年（平成一一年）

遠い冬の夜

やすむ前に娘たちの床をみにゆくと、
まっ黒な髪の、二つの頭に
うっすら雪が積もっている。
〝まあ、窓があいてるわ〟
私はいそいで窓をしめる。
厳しい寒気、それなのに
娘達はまっ赤な頬をして
ぐっすり眠っている。
私も粗末なふとんにもぐりこんで
すぐ寝入ってしまった。

今、ほどよい暖房の部屋、
かるい、やわらかい、ふとんにくるまって、
老いた私は夜ふけまで寝つけないでいる。

若いということは、こんなにもいいものだったのだ。

如月

白い糸

白に白。白い糸を白く染める。

奈良朝以前の裂《きれ》に、白い糸で織られた部分があざやかにのこっているという。絹糸は三十年をまたず黄変《おうへん》するものである。それが千何百年ものこっているということは白く染色したということであるらしい。何で古代の人は染めたのかわかっていない。ただ白色の中に蛍光が存在するということだけはわかっているという。現代では、雪晒《ゆきざら》し、海晒しをいうこともあって、オゾンによる漂白ということはわかっているが、そんなことではなく、たしかに染まっているらしいという。想像だが、動物の骨とか、鉱石の白い粉末とか、植物のある種のふしぎな樹液とか、で染められたのではないかと思うのは、むなしい染色家の夢だろうか。そんなに長い歳月耐えられるものではないだろう。と、のこるは蛍光、古代の光の照射によって白は白にとどまったのでは。古代の光は現代の我々が浴している光とは全く違うものだったのではないか、なぜか私はそう思いたい。科学によって解明されて何になろう。

そこで「不染汚《ふぜんな》」という言葉を思い出した。

冬草もみえぬ雪野のしらさぎは、
　おのがすがたに身をかくしけり　（道元）

雪野に身をおく白鷺はおのれの計らいでかくれているのではない。おのずから白なので雪の中ではみえないだけである。

それを道元は、不染汚と呼んだ。

ありのままの邪気も計らいもない境地、まさに雪野の白鷺そのものである。

ところで、哀しいかな、その白を汚したい。それが染色の仕事をするものの宿命であろうか。人間はすべて白のままでは生きられない。それでは窮極の白を何によって汚すか、それは赤、新しい年を染め上げる赤である。暁天《ぎょうてん》に射す光、人々の中にも射す、生命の尖端の色、それは白と赤ではあるまいか。

糸－2

糸－3

糸－4

糸－5

それで表具屋さんを呼んで〝銀の細いふちをつけて下さい〟と、
すぐ〝あ、銀覆輪《ぎんぷくりん》ですね〟といってくれた。
それが京都の表具屋さんか、ありがたいと思った。
もう一つの方は少し時間がかかった。
何しろやったことのないものばかし、
本当にやってもいいの、やっちゃっていいの。
自分自身に問いかける、とその間もなく
私は裂を箪笥の底からひっぱり出している。
と、ひょこひょこ裂は私の前で「これでよござんすか」
と頭を下げる。それよ、それよ。
あなたとあなた、ひっついて、も一つ、別のを
上から投げてみる。ひらっとまたそこへ吸いついた。
なんて裂は心得顔なの、私よりわかってるみたい。
もうなおしちゃいけない、いじっちゃいけない。それでいいの。
傷のない人なんていないんだから、
完璧《かんぺき》はつまらない、近づけない、なんて
自分にいいきかせながら落着いてみると、
少し大きめの裂が、何となく納まっている。
曲った色紙、まっすぐの色紙、きもののひいな形、
源氏香、みずぐるま、月、松皮菱、雪輪。
金屏風の中にみんな納まってくれた。
はじめてのこころみ、自分でもよくわかっていない。
よくても、わるくても、これが今の私。
私の中から思わずとび出してきたのだから
仕方がないと思っている。

志村ふくみ年譜

年譜

一九二四年（大正一三年）
滋賀県近江八幡に医師小野元澄、豊の次女として出生。姉、兄二人、妹の五人兄弟。

一九二六年（大正一五年）　二歳
志村哲（父元澄の実弟）、ひでの養女となり東京吉祥寺に移り住む。

一九三〇年（昭和五年）　六歳
成蹊小学校へ入学。

一九三二年（昭和七年）　八歳
養父（日本郵船会社勤務）の転任により、上海に移り住む。上海日本北部小学校に転校。
上海事変勃発。

一九三六年（昭和一一年）　一二歳
上海が戦火にみまわれ、一時帰国。福岡県立女学校へ転校。

一九三七年（昭和一二年）　一三歳
上海に戻る。夏、養父の転任により、青島《チンタオ》に住む。青島女学校へ転校。

一九三九年（昭和一四年）　一五歳
養父の転任により、長崎に移り住む。活水女学校に転校。

一九四〇年（昭和一五年）　一六歳
養父、漢口へ転任となり、勉学のため東京に移り住み、文化学院女子部に転校。姉兄と共に暮らす。

一九四一年（昭和一六年）　一七歳
正月、近江八幡の小野の実家で、初めて実の両親であることを打ち明けられ、父、母、姉、兄二人、妹と共に新年を祝い、人生が一変。
母、兄元衛により、芸術の世界に導かれる。病篤い次兄凌の枕元で、母より初めて機織を習う。母と織に出会う運命的な年となり、後年織物の道へ進む発端となった。
十一月、次兄凌永眠。
太平洋戦争勃発。

一九四二年（昭和一七年）　一八歳
母（初期民芸運動、柳宗悦の上賀茂民芸協団に参加、青田五良より指導を受ける）の影響によりしばしば駒場の日本民藝館に通い、沖縄の織物に傾倒。
四月、文化学院卒業。養父の任地上海に移り住む。

一九四四年（昭和一九年）　二〇歳
養父神戸に転任。夏、神戸で戦火に遭う。
兄元衛病床にあり、しばしば近江八幡に通い、看病。

一九四六年（昭和二一年）　二二歳
一月、養父母と共に東京に移り住む。
三月、兄の看病のために近江八幡に移り住む。

一九四七年（昭和二二年）　二三歳
八月、兄元衛永眠。

一九四八年（昭和二三年）　二四歳
東京に戻る。

一九四九年（昭和二四年）　二五歳
一月、松田周一郎と結婚。長女洋子出生。

一九五三年（昭和二八年）　二九歳
次女潤子出生。

一九五四年（昭和二九年）　三〇歳
兄元衛の遺画集制作のため、近江八幡に滞在。「兄のこと」という文章を書く。
両親と昵懇であった柳宗悦氏に出会い、画集編纂の指導を受け、織物への道を勧められる。『工芸の道』を読み深く感動し、織物への道を決意。

一九五五年（昭和三〇年）三一歳
松田周一郎と離婚。六歳と二歳の子供を養父母にあずけ、実家の近江八幡に移り住む。
母の指導を受けながら、植物染料による染色と紬糸による織物を始める。
一度は断念した織物に対する母の熱意に励まされ、本格的に仕事に打ち込むようになる。

一九五六年（昭和三一年）三二歳
木漆工芸家黒田辰秋氏に出会い、師事。黒田氏より「運、根、鈍」という工芸の根本姿勢を伝授される。

一九五七年（昭和三二年）三三歳
黒田辰秋氏の推薦により、第四回日本伝統工芸展に「方形紋綴帯」を出品、入選。
富本憲吉氏、稲垣稔次郎氏に出会い、師事。
新匠会に出品、以後一九六三年まで同展に出品。

一九五八年（昭和三三年）三四歳
第五回日本伝統工芸展に紬織着物「秋霞譜」を出品、奨励賞を受賞。

一九五九年（昭和三四年）三五歳
第六回日本伝統工芸展に「鈴虫」を出品、文化財保護委員長賞を受賞。
二人の子供を東京よりひきとり、一緒に暮らすようになる。

一九六〇年（昭和三五年）三六歳
第七回日本伝統工芸展に紬織着物「七夕」を出品、朝日新聞社賞を受賞。

一九六一年（昭和三六年）三七歳
第八回日本伝統工芸展に紬織着物「霧」を出品、文化財保護委員長賞を受賞。

一九六二年（昭和三七年）三八歳
第九回日本伝統工芸展に紬織着物「月待」を出品。

一九六三年（昭和三八年）三九歳
富本憲吉氏、稲垣稔次郎氏逝去。新匠会を退会。
今泉篤男氏に出会い、師事。工芸の近代精神について指示を受ける。この頃より民芸作家としての作風を離れ、新しい工芸精神を認識するようになる。

一九六四年（昭和三九年）四〇歳
細川護立氏の推薦により、第一回作品展を資生堂ギャラリーで開催。

一九六七年（昭和四二年）四三歳
第二回作品展を資生堂ギャラリーで開催。

一九六八年（昭和四三年）四四歳
京都嵯峨野に移り住む。東京より養父母を呼び寄せて一緒に暮らすようになる。
日本伝統工芸展審査委員を務める。以後十年、同展審査委員。
この年初めて藍建を試みる。絞染作家片野元彦氏に藍建の指導を受ける。
インドネシアに旅行。

一九七〇年（昭和四五年）四六歳
第三回作品展を資生堂ギャラリーで開催。養父志村哲永眠。
第二十回日本伝統工芸展に紬織着物「磐余」を出品、二十周年記念特別賞を受賞。

一九七六年（昭和五一年）五二歳
第四回作品展を資生堂ギャラリーで開催。

一九七八年（昭和五三年）五四歳
京都朝日画廊で個展開催。
日本工芸会理事になる。

一九七九年（昭和五四年）五五歳
メキシコに旅行。
第五回作品展をむね画廊で開催。

一九八一年（昭和五六年）五七歳第六回作品展を日本橋壺中居で開催。
『志村ふくみ作品集』を紫紅社より出版。

一九八二年（昭和五七年）五八歳三月、群馬県立近代美術館で「志村ふくみ展」を開催。
大岡信氏の「言葉と力」という文章が中学二年の国語教科書に載ったため、群馬県藤原中学校二年生との桜を通しての交流があり、同校を訪問し、共に桜を染める。

一九八三年（昭和五八年）五九歳
『一色一生』を求龍堂より出版。
六月、ヨーロッパに旅行。
三月、第一回京都府文化賞功労賞を受賞。
十月、『一色一生』により第十回大佛次郎賞を受賞。

一九八四年（昭和五九年）六〇歳
三月、衣服研究振興会より衣服文化賞を受賞。
十月、第八回作品展を資生堂ギャラリーで開催。同時に『裂の筥』を紫紅社より出版。

一九八五年（昭和六〇年）六一歳
『一茎有情』（宇佐見英治・志村ふくみ対談集）を用美社より出版。
ゲーテの色彩論を学ぶ。
四月、大分県立芸術会館で「志村ふくみ展」を開催。
五月、「現代染織の美」（森口華弘・宗廣力三・志村ふくみ）を東京国立近代美術館で開催。

一九八六年（昭和六一年）六二歳
八月、ルドルフ・シュタイナーの人智学に出会い、日本人智学協会代表の高橋巖氏に師事。
植物染料における日本の色の研究と並行して、ゲーテの『色彩論』、シュタイナーの『色彩の本質』に関する研究を始める。
『色と糸と織と』（岩波グラフィックス）を岩波書店より出版。
紫綬褒章を受ける。

一九八八年（昭和六三年）六四歳
フランスに旅行。
養母ひで永眠。

一九八九年（平成元年）六五歳
京都市広河原に山荘を建て、仕事場とする。
MOA岡田茂吉賞大賞を受賞。
日本人智学協会関西支部「昴」を結成し、代表となる。

一九九〇年（平成二年）　六六歳

第一回人智学国際会議に参加。人智学による染織研究所「都機工房」を志村洋子と共に作る。

重要無形文化財保持者に認定される。

一九九一年（平成三年）　六七歳

六月、タイに旅行。

一九九二年（平成四年）　六八歳

第十回作品展を日本橋壺中居で開催。

韓国舞踊家金梅子氏の招待により韓国に旅行。同氏と親交を深める。

一月、金梅子氏の率いる創舞会京都公演を人智学協会が主催。

一九九三年（平成五年）　六九歳

『語りかける花』を人文書院より出版。

『語りかける花』でエッセイスト・クラブ賞を受賞。

九月、滋賀県文化賞を受賞。

十月、文化功労者に選ばれる。

十一月、インドへ旅行。

十二月、『母と子の織のたのしみ』（志村ふくみ・志村洋子共著）を美術出版社より出版。

一九九四年（平成六年）　七〇歳

十月、滋賀県立近代美術館で開館十周年記念「志村ふくみ展　人間国宝・紬織の美」を開催。

十月、『織と文　志村ふくみ』を求龍堂より出版。

一九九六年（平成八年）　七二歳

「志村ふくみ・洋子二人展」を銀座和光で開催。

一九九七年（平成九年）　七三歳

『心葉—平安の美を語る—白畑よし・志村ふくみ』を人文書院より出版。

一九九九年（平成一一年）　七五歳

「志村ふくみ・洋子二人展」を韓国ソウル草田博物館で開催。

『母なる色』を求龍堂より出版。

二〇〇〇年（平成一二年）　七六歳

「裂帳展」を日本橋壺中居で開催。

「志村ふくみ展」を銀座和光で開催。

二〇〇一年（平成一三年）　七七歳

『たまゆらの道』（志村ふくみ・志村洋子共著）を世界文化社より出版。

「志村ふくみ・洋子　指スヤ都展」を京都細見美術館で開催。

「たまゆらの道」展を東京三越で開催。

二〇〇三年（平成一五年）　七九歳

『ちょう・はたり』を筑摩書房より出版。

二〇〇四年（平成一六年）　八〇歳

『続　織と文　篝火』を求龍堂より出版。

四月、滋賀県立近代美術館で「志村ふくみの紬織り—初期から現在まで」開催。

（著者作成）

著書目録

志村ふくみ裂帖――昭和五十二年　紫紅社
日本の工芸3　織（織　探訪記）＊――昭和五十三年三月　淡交社
母たちの時代　原ひろ子編（母との出会い・織機との出会い）＊――昭和五十五年九月　駸々堂
叢書文化の現在1　言葉と世界（色と糸と織と）＊――昭和五十六年三月　岩波書店
志村ふくみ作品集――昭和五十六年十月　紫紅社
一色一生――昭和五十七年九月　求龍堂
一茎有情　宇佐見英治・志村ふくみ対談集＊――昭和五十九年一月　用美社
裂の筥――昭和五十九年十月　紫紅社
色と糸と織と――昭和六十一年三月　岩波書店
創造的市民講座（Ⅱ）――わたしたちの学問――桑原武夫編（一色一生）＊――昭和六十三年十月　小学館
語りかける花――平成四年九月　人文書院
母と子の織のたのしみ＊――平成五年十二月　美術出版社
織と文　志村ふくみ――平成六年十月　求龍堂
心葉　白畑よし・志村ふくみ対談集＊――平成九年一月　人文書院
母なる色――平成十一年四月　求龍堂
裂帳　限定本――平成十二年五月　求龍堂
たまゆらの道　志村ふくみ・志村洋子＊――平成十三年十月　世界文化社
ちょう・はたり――平成十五年三月　筑摩書房

＊は共著・対談等を示す。

主要参考文献一覧

釈迦堂物語（佐藤春夫）昭和三十二年　平凡社
清凉寺（佐々木剛三）昭和四十年　中央公論美術出版社
源氏物語「日本古典文学大系」一～五巻　昭和三十四―三十六年　岩波書店
源氏物語（山岸徳平校注）一～五巻　岩波文庫　平成六年　岩波書店
潤一郎訳　源氏物語　一～六巻　中公文庫　平成三年　中央公論美術出版社
われよりほかに　谷崎潤一郎最後の十二年（伊吹和子）講談社文芸文庫　平成三年　講談社
源氏物語と白楽天（中西進）平成九年　岩波書店
加島祥造が詩でよむ漢詩（加島祥造）平成十三年　里文出版
ローマの哲人　セネカの言葉（中野孝次）平成十三年　岩波書店

あとがき

老年讃歌

八十歳の冬は、厳冬である。人生を四季にたとえれば老年は冬、今さしかかっているのはまさに厳冬である。しかし私自身、それほど身のひきしまる厳しさを感じているわけではない。人間はそんなに自分に厳しいわけでも、甘いわけでもない気がする。

どこかで蘇《よみがえ》りさえ感じている。しかし、まちがいなくどこかで厳しい枯渇をも感じている。

この二つが老いの中でたたかっているのか、仲よく共存しているのか、日々、夜々によって微妙に揺れ動いている。

しかしこのようなセネカの文章をみつけた時、私は心に陽が射したような気持ちになった。きっと私だけではないだろう。老年を迎えた人も、これから迎える人もうれしくなるにちがいない。


郊外のこの別荘のおかげで僕は、どっちを向いてもいたるところで自分の老年をしっかりみせつけられた。さあ、それを受け入れ、愛そうではないか。

使い方さえ知っていれば、老年は喜びにみちた年齢です。果物はダメになりかけた時が、一番おいしい。少年期の優美は終わり頃最高に達する。ワインの楽しみに耽《ふけ》る人間を喜ばすのは最後の一杯。彼らを沈没させ、酩酊を完全にする一杯です。

どんな楽しみも内に隠しておく一番の喜びは終りに及んで最高に達するのです。

老年は終わりに傾いているが、まだ急速に沈まない時に一番楽しいものになる。

死の閾《しきい》ぎわに立つ年齢さえ喜びがあると、僕は思う。


少し長くなるがあまり心に響くので写させてもらおう。

老年讃歌

僕は肉体には衰えを感じているが、心には感じていない。心は力に満ちていて、もうあまり肉体と関わりがなくなったことを喜んでいる。

その重荷の大部分を、心はもう片づけてしまった。

心は今歓呼の声をあげ、僕と共に老年についての討論をはじめているところです。

これが、と心は言う。自分の花盛りだと。彼のいうことを信じましょう。

そしてこの幸福を享受しようではありませんか。


老年にとってこれほどのはげましはない。よろこびはない。

これは、『ローマの哲人　セネカの言葉』（中野孝次　岩波書店）の中にでてくる〝リキリウスへの手紙〟の一節である。この何分の一でも近づけたら老年はすばらしい。

「果物はダメになりかけた時が一番おいしい」というところなどとても気に入っている。ワインの最後の一杯で、もし彼等をたのしませ、酩酊《めいてい》させることができたらそれこそ最高であろう。そして果実の種子は内部で、あるいは後の世で生きるために、すでに萌芽をむかえている、と信じることが出来そうな気がする。

セネカという人物がどんな数奇な運命をたどったか、皇帝ネロによって死に追いやられた驚くばかりの人生だが、それにもかかわらず、それにこれほどの勇気をあたえてくれたことを感謝せずにはいられない。それをわかりやすく訳された中野孝次氏にも。

死はおしまいではなく、ふと肉眼でその人がみえなくなっただけですぐそこにいる。心の内に一緒にねむるその人は、やっぱりその人らしい旅を続けているだろう。姿がみえなくなったとはいえ、いつも話しかけているし、時には笑わせてくれる、教えてもくれる。

だから生きている間に充分たのしんで、そういうものをおみやげにみんなの願いを種子《たね》にしてもってゆこう。必ず芽が萌《で》るようにと願って。


思いがけず、また本を出すことになりました。

あの『織と文』を出してから十年にもなるものですから、その続きの作品を姉妹篇として出して下さるということをありがたく思います。

このような年齢になって皆様におめにかかることができますことは、幸せでございます。いつも変らず私の本をつくることに心を傾けて下さる吉田弘子さん、素晴しい写真を撮って下さった井上隆雄さん、そして装本の桝仲進さんに深く感謝申し上げます。

謝辞

本書の制作にあたり、左記の方々に作品撮影、掲載のご許可を頂き、ご協力を賜りました。また記すことのできなかったご所蔵家の方々にも、ここに心から謝意を表します。

（敬称略　順不同）

吹田安雄
岩本都代子
片桐敬子
小森谷和子

井上隆雄撮影
　表紙カバー、見返し
第一章　朝顔 夕顔
　10、11、22、23、25、29、30、32、33、35、36、38、39、45、47、48、50、51、52、57、58、61、62、63、65、66、68、69、73、74、75、79、81、82、84、85、87、88、89、90、99、100
第二章　薔薇
　106、124、125、126、127、128、129、136、143、144、145、146、147、148

〈以上の番号は頁数を示す〉

企画・編集　吉田弘子
装本・構成　桝仲　進
作品撮影　ニューカラー写真印刷株式会社
　国本真之
　高木宏明
　木本淳子

続　織と文——篝火

発行日　二〇〇四年四月十一日
著者　志村ふくみ
撮影　井上隆雄
発行者　足立龍太郎
印刷・製本　ニューカラー写真印刷株式会社
発行所　株式会社求龍堂
郵便番号　一〇二-〇〇九四
東京都千代田区紀尾井町三-二三
文藝春秋新館七階
電話〇三-三二三九-三三八一

ISBN4-7630-0408-5 C0072